Тувинские сказки

투바인 이야기

<지식을만드는지식 소설선집>은
인류의 유산으로 남을 만한 작품만을 선정합니다.
오랜 시간 그 작품을 연구한 전문가가
정확한 번역, 전문적인 해설, 풍부한 작가 소개, 친절한 주석을 제공하는
고급 소설 선집입니다.

지식을만드는지식 소설선집

시베리아 설화집

Тувинские сказки

투바인 이야기

작자 미상

홍정현 옮김

대한민국, 서울, 지식을만드는지식, 2019

편집자 일러두기

- 이 책은 ≪투바 전래동화(Тувинские народные сказки)≫(투바 출판사, 1958), ≪투바 전래동화(Тувинские народные сказки)≫(나우카 출판사, 1971), ≪투바 전래동화(Тувинские народные сказки)≫(아동문학, 1984), ≪시베리아 민족 설화(Сказки народов Сибири)≫(서시베리아 출판사, 1984)를 원전으로 삼아 옮긴이가 가려 뽑아 번역했습니다.
- 주석은 모두 옮긴이가 단 것입니다.
- 외래어 표기는 현행 한글어문규정의 외래어표기법을 따랐습니다.

차 례

투바인 이야기

게으른 부엉이

푸른 숲속에 회색 부엉이가 살고 있었다. 부엉이는 게을러도 너무 게을렀다. 심지어 나무에서 나무로 이동하는 것도 귀찮아할 지경이었다. 어느 따뜻한 오후 부엉이가 낙엽송에서 앉아 졸고 있었다. 난데없이 얼룩덜룩한 딱따구리가 날아오더니 나무를 쪼기 시작했다.

달콤한 잠에서 깬 부엉이는 구겨진 날개를 바로잡기 위해 몸을 흔들며 졸린 목소리로 물었다.

"딱따구리야, 너 왜 소란을 피워서 내가 잠자는 걸 방해해?"

"내가 먹이를 찾는 거 안 보여?"

딱따구리는 수수 낟알과 비슷하게 생긴 눈으로 어처구니가 없다는 듯이 부엉이를 쳐다보았다.

"그래서 다른 곳을 찾을 수 없었다는 거야, 뭐야? 어서 여기서 꺼져!"

부엉이가 딱따구리를 향해 소리쳤다.

"모두 열심히 일하는데 넌 잠만 자는구나. 하다못해 둥지라도 좀 만들지!"

말을 마친 딱따구리는 멀리 날아갔다.

부엉이가 편한 자세로 앉아 잠을 청하려 하자마자 또다시 시끄러운 소리가 들렸다. 이번에는 까치가 낙엽송에 날아들어 부엉이 귀 바로 위에서 찌르륵거리는 것이 아닌가. 부엉이가 까치를 향해 아무리 소리를 쳐도 까치는 꿈쩍도 않고 당당하게 말했다.

"대체 너는 왜 맨날 잠만 자니? 주위를 좀 돌아봐. 모두 분주하게 일하고 있잖아. 다들 자기 일이 있어. 어떤 새는 새끼 먹이를 찾으러 다니고 또 어떤 새는 둥지를 만들고 있잖아!"

까치는 부엉이의 대답은 들을 생각도 않고 숲속의 새로운 소식을 들으러 멀리멀리 날아갔다.

또다시 낮잠에 빠진 부엉이는 누군가 자기 머리 위로 날아드는 소리를 들었다. 보아하니 작은 파랑새가 둥지를 만들기 위해 포플러나무 꽃씨를 모으러 온 것이었다. 파랑새 말고도 부엉이 주위에는 여러 새들이 정신없이 날아다녔고 귀뚜라미는 귀뚤귀뚤 울었으며 작은 날벌레는 윙윙 소리를 냈다.

그 모습에 잠시 부끄러워진 부엉이는 내일은 반드시 둥지를 만들기로 마음먹었다.

저녁이 되었다. 쌀쌀해진 탓에 부엉이는 덜덜 떨며 날개를 몸에 더욱 바짝 끌어당겼다. 부엉이는 파랑새의 따뜻한 둥지를 떠올리며 그곳에서 잤으면 좋겠다고 생각했다. 추운 밤은 길었다. 하늘의 수많은 별도 추위에 얼어 빛을 잃어 가고 있었다. 밤새 추위에 떤 부엉이는 동이 트기만을 기다렸다. 마침내 해가 뜨자 부엉이의 몸은 다시 온기를 되찾았다. 그러자 부엉이는 따스함에 몸이 나른해져 단꿈에 빠져들고 말았다.

이렇게 하루 이틀을 지내자 또다시 게을러진 부엉이는 둥지를 짓겠다는 생각을 까맣게 잊고 말았다.

새들이 말을 못 하는 까닭

이 이야기는 새들이 인간의 말을 알아듣고 말할 수 있었던 때의 이야기다.

다르바이트산에 독수리 한 마리가 살고 있었다. 어느 날 배고픈 독수리는 산꼭대기에 앉아 만주마멋이 굴에서 나오는지 유심히 살피고 있었다. 기다리고 기다리다 태양이 내리쪼이는 더위에 지쳐 깜박 잠이 들었다. 독수리는 날개가 퍼덕이는 소리에 잠에서 깨어났다. 큰 회색 매가 만주마멋을 움켜쥐고 가까운 언덕으로 날아가 쪼아 먹기 시작했다. 독수리는 성이 나 매에게 날아가 달려들려 했다.

매는 눈 하나 깜짝 안 하고 말했다.

"독수리야, 너 왜 화가 났니? 한 조각이라도 얻어먹고 싶으면 공손하게 부탁을 해야지."

"네가 주는 거 필요 없어! 그냥 네가 이 죽은 만주마멋을 어떻게 먹는지 보고 싶었을 뿐이야." 거만하게 대답했지만 독수리의 눈은 만주마멋을 욕심내듯 뚫어지게 응시하고 있었다.

"그럼 뭐 하러 하루 종일 마멋을 엿보면서 죽기를 바란 거야?" 매가 웃으며 말했다.

"마멋은 안 봤어. 한쪽 눈은 노루가 있는지 보고, 다른 눈으로는 토끼를 살펴보고 있었지. 넌 살면서 한 번도 노루나 토끼 고기는 못 먹어 봤을 거야. 썩은 냄새가 나기 전에 어서 마멋이나 먹지."

독수리와 매는 심하게 다투었다. 둘이 얼마나 심하게 싸웠던지 새들이 날아와 말렸지만 여의치 않자 결국 싸움을 조정할 새들의 칸을 뽑기로 했다.

새들은 소리를 지르며 떠들었다. 모두들 칸이 되고 싶어 했다.

독수리가 먼저 나와 말했다.

"내가 우리들의 칸이 되어야 합니다. 그 어떤 새도 나보다 하늘을 높이 날 수 없으니까요."

"우리에게 그런 칸은 필요 없소. 당신이 너무 잘난 체를 하니까 아무도 갈 수 없는 험한 절벽에서 혼자 사는 것이오. 우린 동의하지 않소!" 새들이 한목소리로 반대했다.

그러자 박쥐가 앞에 나와 말했다.

"저는 칸이 되고 싶습니다. 제 날개는 여러분처럼 깃털이 아닌 가죽으로 되어 있죠. 또 제 귀는 멀리서 나는 소리도 들을 수 있고요."

그러자 회색 뻐꾸기가 꼿꼿이 서서 말했다.

"박쥐가 칸이 된다는 건 말도 안 돼요. 박쥐는 우리한테는 본인이 새라고 말하지만 동물한테는 동물이라고 말하지요. 그것 말고도 밤새 날아다녀서 우리가 잠을 잘 수가 없게 만든다고요. 그에 비하면 제가 훨씬 낫지요. 봄이면 제 노래로 온 땅이 푸른 옷으로 치장하잖아요. 여러분들은 저보다 나은 칸을 찾을 수 없을 겁니다."

크고 작은 새들이 날개를 휘저으며 말했다.

"뻐꾸기가 우리의 칸이 될 수는 없죠. 뻐꾸기는 새끼들을 까지도 못하잖아요."

그러자 새들이 제각기 자기를 칸으로 추천하면서 다툼은 더욱 격렬해졌다.

새들의 회의는 한참 동안 시끄러웠다. 그때 큰 잣나무 꼭대기에 있던 나이 많은 요술 까마귀가 새들의 싸움을 듣다가 마침내 입을 떼었다.

"의견을 모으기가 어렵다면 더 말할 필요가 없어지지! 모두 자기가 칸이 되고 싶어 하니까…."

요술 까마귀의 말이 끝나기가 무섭게 모든 새들은 말하는 법을 잊어버려 말을 할 수 없게 되었다고 한다.

안치 카라

이 이야기는 무더위로 강물이 바짝 마르고 새들의 부리가 녹아 없어진, 옛날 아주 옛날에 있었던 이야기다.

카라강 하류에 안치 카라[1]라는 별명을 가진 고아가 살고 있었다. 그의 부모님은 그에게 세 마리 염소, 활과 화살이 들어 있는 화살통을 남기고 돌아가셨다. 안치 카라는 열심히 사냥을 다녀 보아도 매번 아무런 수확 없이 집으로 돌아오곤 했다. 결국 염소를 한 마리씩 죽일 수밖에 없게 되었다. 염소 고기를 모두 먹어 없앨 무렵 또다시 사냥을 떠났지만 짐승 한 마리도 눈에 띄지 않았다. 흰 잣나무 아래 자그마한 언덕에 앉아 있던 그는 어디에서 나는 소리를 들었다. 마치 카라강이 잔잔한 노래를 부르는 것 같았다. 그는 처음에는 조용히 따라 부르다 점점 더 큰 소리로 부르기 시작했다. 그러자 바로 곁에 있던 나뭇가지가 바스락거리는 소리를 냈다. 위를 올려보자 하늘의 별처럼 수많은 짐승들이 모여 있는 것이 아닌가. 짐승들은 꼼짝 않고 서서 그의 노래를 듣고 있었다. 안치 카라가 노래를 멈추고 화살을 손에 쥐자 동물

---

1) 하늘에서 떨어진 마법의 꽃을 뜻한다.

들이 흔적도 없이 사라져 버렸다. 안치 카라는 슬픔에 잠겼다. 그때 하늘에서 나이 많아 보이는 까마귀가 잣나무 꼭대기로 날아오더니 사람처럼 말했다.

"네 노래를 듣다 보니 참으로 가여운 생각이 드는구나. 험한 검은 절벽인 카라 하야로 기어 올라가거라. 내 둥지가 있는 그곳에는 흰색, 빨간색, 파란색 유리구슬이 있을 게야. 그 구슬들을 삼키면 동물과 새의 말을 알아듣게 될 것이야." 까마귀는 이렇게 말하고 날아갔다.

'만약 내가 모든 동물과 새의 말을 알아들을 수 있다면 앞으로 사냥은 식은 죽 먹기겠지'라고 생각한 안치 카라는 검은 절벽으로 향했다. 그는 절벽 위로 한동안 기어 올라갔다. 몇 번이나 미끄러져 벼랑 끝에 매달리기를 반복하다 결국 뾰족하게 솟은 정상에 도착했고, 곧 좁은 골짜기에서 까마귀의 둥지를 찾아냈다. 둥지에 손을 넣고 더듬어 밑바닥에 있는 구슬 세 개를 찾았다. 눈앞에 가져와 보니 첫째 구슬은 흰색, 둘째는 빨간색, 셋째는 파란색이었다. 안치 카라는 세 구슬을 꿀꺽 삼킨 후 카라 하야에서 타이가[2]로 내려왔다.

---

2) 북반구의 냉대 기후 지역에 나타나는 침엽수림. 원래는 시베리아에 발달한 침엽수림을 뜻하나, 넓게는 유라시아와 북아메리카 대륙의 북위 50~70도 지역에 분포하는 침엽수림을 이른다.

안치 카라는 울창한 숲을 따라 걷다 사방을 둘러보며 귀를 기울였다. 빽빽한 낙엽송 나뭇가지에 앉아 있는 두 마리 흰꼬리까마귀를 발견하고 슬그머니 다가서자, 정말로 신기한 일이 벌어졌다. 까마귀들이 쉴 새 없이 떠드는 소리를 이제 모두 알아들을 수 있었던 것이다.

동생 까마귀가 언니 까마귀에게 라마 승려에 대한 이야기를 해 주고 있었다.

"카라 숙 근처의 절벽 동굴에서 뚱뚱한 라마승이 석 달 동안 기도서인 수두르를 읽고 있었어. 시간이 조금 흐르자 승려는 혼자 있는 것도 금식하는 것도 지겨워져서 기도서를 강물에 던져 버리고 유목민 마을에 갔지. 나는 그 사람이 협곡을 가면 협곡으로, 수풀로 가면 수풀로 뒤를 따라다녔어. 날면서 유심히 살펴보았지. 이 똑똑한 라마승이 다음엔 뭘 할지 궁금하더라고."

"승려가 기도서를 읽어서 멍청해진 게 틀림없어." 부리로 날개를 정리하고 있던 언니 까마귀가 말했다.

"맞아. 라마승이 유르트[3]에 들어가 봤지만 거기엔 아무도 없었어. 그런데 솥에 쿠르굴다이[4]가 끓고 있는 거야. 승

---

3) 북방 유목민의 천막집이다.

4) 비계와 고기로 속을 채운 양 창자 요리.

려는 솥에서 쿠르굴다이를 꺼내 둥글게 말아서 모자 속에 쏙 집어넣었어. 그러곤 모자를 이마에 푹 눌러쓰고 빠른 걸음으로 마을에서 멀리 달아났어. 뜨거운 쿠르굴다이가 승려의 머리를 달구고 있었지만 승려는 꾹 참고 아무도 쫓아오지 못할 만큼 멀리 도망갔어. 그리고 마침내 안심한 승려가 모자를 벗자 머리카락이 죄다 빠져 그의 머리는 대머리가 되어 있었지."

"사람들 중에는 멍청한 사람도 있고 똑똑한 사람도 있는 거지. 승려는 멍청했던 거고." 언니 까마귀가 생각에 잠겨 말했다.

"맞아. 이제 붉게 물든 타이가로 날아가 보자. 거기서 동물 다섯이 다투고 있다더라. 재미있겠다!" 그러고는 두 마리 까마귀는 날아갔다.

잠시 후 안치 카라도 타이가로 출발했다. 자신이 모든 동물의 말을 이해할 수 있는지 확인하고 싶어졌기 때문이었다.

타이가에 들어선 안치 카라는 공터에서 토끼, 산고양이, 야생 양, 멧돼지와 여우를 발견했다. 동물들은 목이 쉴 정도로 소리를 질러 대며 말다툼을 했다. 정말로 신기하게도 안치 카라는 동물들이 내뱉는 모든 말을 알아들었다. 그중 토끼가 제일 심하게 욕을 해 댔다.

"만일 인간이 감히 내 사팔눈 앞에 나타나면 내가 야생 양 네 뿔처럼 그 사람을 구부려 놓을 테야."

"아니, 내가 먼저 발톱으로 걸어 올려서 꼬리로 때려 줄 거야. 그리고 너를 잡아먹어야지." 여우가 토끼의 말에 반박했다.

"내가 제일 먼저 그 사람의 눈을 할퀴고 말 거야." 산고양이도 양보하지 않았다.

"그럼 나는 뿔로 그 사람을 들어 올려야지, 그러면 너희는 손도 못 댈걸." 야생 양이 자기 말을 되풀이했다.

"에이, 모두 쓸데없는 얘기야. 나 혼자서 어금니로 사람을 물어 죽일 수 있다고." 멧돼지가 말을 꺼냈다.

깔깔대고 웃으며 안치 카라는 나무 뒤에서 공터로 나왔다. 그를 발견하자마자 토끼는 곧바로 관목을 향해 깡충깡충 뛰어 도망갔다. 토끼는 원래 그렇지 않은가. 멧돼지는 어금니를 드러내고는 안치 카라를 향해 돌진했다. 안치 카라는 정신을 바짝 차리고 멧돼지의 귀를 틀어쥐고 땅바닥에 짓누르며 말했다.

"사람과 싸움을 하다니 차라리 숲에서 어슬렁거리다 땅속에서 동물 주둥이나 찾아보지."

이 말과 함께 안치 카라는 멧돼지를 작다란 전나무를 향해 내던졌다. 그때 머리를 쑥 내밀고 뿔을 앞으로 세운 야생 양이 그를 향해 몸을 던졌다. 안치 카라가 뿔을 잡고는 목을 돌돌 말아 산 쪽으로 던지며 뒤에 대고 소리쳤다.

"사람과 힘을 겨루다니 차라리 산에서 풀이나 뜯든지 샘물이나 마시며 새끼 양이나 지키는 게 낫지!"

그러자 산고양이가 땅에 몸을 바짝 대고 발톱을 세워 안치 카라에게 뛰어올랐지만 안치 카라는 산고양이의 꼬리를 붙잡아 나무를 향해 던진 후 웃으며 말했다.

"사람한테 달려들기보다는 나무에 앉아 쥐나 찾아보는 게 낫지. 자, 그리고 넌 뭘 할래?" 안치 카라가 여우에게 물었다.

"전 다른 사람이 제 부드러운 털을 만지는 걸 싫어해요." 여우는 우쭐대며 대답하자마자 꼬리를 흔들며 멀리 도망쳤다.

자신이 너무나도 자랑스러워진 안치 카라는 곧장 북쪽으로 길을 떠났다. 황금빛 타이가가 끝나자, 으리으리한 유르트가 한가운데에 떡하니 있는 마을이 나왔다. 안치 카라는 마을에서 떨어진 외딴 곳에 있는 검은 유르트[5]에 잠시 들렀

---

5) 가난한 목동들이 사는, 낡고 연기와 그을음으로 시커멓게 된 유르트를 말한다. 부유한 사람들은 값비싼 흰 펠트로 만든 양탄자를 깐 유르트에서 살았다.

다. 그곳에 사는 노인은 다린자 칸에게 불행이 닥쳤다고 얘기해 주었다. 칸의 딸 나기르 체첵이 달빛과 햇빛 때문에 눈이 먼 것이다. 전국 곳곳에서 불러 모은 라마승과 샤먼이 아무런 도움이 되지 못하자 칸은 딸의 병을 고쳐 주는 사람에게 딸을 주기로 약속했다.

노인의 말을 들은 안치 카라는 칸의 유르트로 서둘러 가 칸과 칸의 부인에게 절한 후 옆에 가서 앉았다. 그가 주위를 두리번거리자 붉은 펠트로 만든 양탄자에 누워 있는 나기르 체첵이 보였다. 큰 슬픔에 잠긴 그녀는 안치 카라가 무슨 일이 있어도 도와야겠다고 결심할 정도로 아름다웠다. 안치 카라가 고개를 들어 칸에게 말했다.

"저 안치 카라는 카라강에서 왔습니다. 다린자 칸님, 당신의 어여쁜 따님에게 무슨 일이 일어났는지 말씀해 주십시오."

허름한 옷을 입은 청년이 매우 못마땅했던 칸이 하인들에게 안치 카라를 몽둥이로 때려 쫓아내라고 명령을 내리자, 갑자기 나기르 체첵이 입을 열었다.

"아무것도 볼 수 없지만 지금 오신 분의 목소리가 마음에 드네요. 아버지, 저분께 제 병에 대해 얘기해 드리세요."

칸이 입을 열기도 전에 머리가 벗어진 뚱뚱한 라마승이 먼저 나섰다.

"칸님, 저 부랑아를 내쫓으십시오. 저처럼 능력이 뛰어난 사람이나 따님을 고치지 다른 사람은 어림도 없습니다요."

안치 카라는 벗어진 라마승의 머리를 보자 까마귀의 이야기가 떠올랐다. 자기 앞에 있는 사람이 쿠르굴다이를 훔친 바로 그 라마승이라는 것을 알아챘다.

"당신이 무슨 능력이 뛰어난 사람이라는 거요? 남의 유르트에 숨어 들어가 덜 익은 쿠르굴다이를 훔친 양심 없는 사람이겠지. 훔친 쿠르굴다이를 모자에 감추려면 이성도 완전히 잃어야겠지. 바로 그래서 당신이 대머리가 된 거잖소."

안치 카라의 말은 라마승에게 마치 맑은 하늘의 날벼락과도 같았다. 그는 유르트 한가운데에 입을 쩍 벌린 채 꿈쩍도 못 하고 가만히 서 있었다.

모두 큰 소리로 웃음을 터뜨리자 칸은 정중하게 안치 카라에게 말을 건넸다.

"자네, 보아하니 평범한 사람은 아닌 것 같네. 눈에도 안 보일 정도로 작은 벌레가 내 딸의 눈을 물었다네. 자네가 고쳐만 준다면 나기르 체첵을 자네 부인으로 주겠네."

"제가 한번 해 보죠, 칸 어른. 방법을 찾아보겠습니다."

대답을 마치고 안치 카라는 유르트에서 나왔다.

그는 볼차이틸릭산으로 올라가 낮은 나무 사이 땅에 드러누워 불쌍한 나기르 체첵을 어떻게 도와줄까 고민에 빠져 있었다. 그때 두 마리 백조가 어디선가 날아오더니 자기들끼리 이야기를 하기 시작했다.

"내가 세상에 안 다녀 본 곳이 없을 정도로 많이 다녀 봤지만 나기르 체첵처럼 예쁜 아가씨는 본 적이 없어. 그런데 눈을 고칠 수 있는 방법이 없다니 참 안타까워." 한 백조가 말했다.

그러자 다른 백조가 반박하며 말했다.

"아니야, 방법이 하나 있기는 해. 나기르 체첵의 눈에 별 모양의 자그마한 잎이 달린 파란 꽃 즙을 넣으면 돼. 그런데 그 꽃은 숨베르 울라 산에 있는 하늘에서만 자란대."

"가 보자, 꽃 따러."

"아무리 힘들더라도 난 칸의 딸을 위해 하늘 끝이라도 날아갈 수 있어. 그런데 꽃을 따서 어떻게 해야 하지? 우리가 유르트로 들어갈 수는 없잖아?"

"그럼 우리가 연기통으로 꽃을 던져 주자. 누가 알아, 혹시 어떤 사람이 그걸로 나기르 체첵의 눈을 치료할지. 저녁쯤 돌아올 수 있을 거야. 어서 가자!"

백조들은 날개를 흔들며 하늘 위로 높이 올라갔다.

안치 카라는 너무도 기쁜 나머지 벌떡 일어나 백조 뒷모습을 바라보며 손을 흔들며 웃었다. '착한 새들아, 날아라! 난 너희가 하늘에서 요술 꽃을 가져올 때까지 기다리고 기

다릴 테니.'

신이 난 안치 카라가 칸의 유르트로 돌아왔다.

"안치 카라, 좋은 소식을 가져왔는가? 아니면 나쁜 소식을 전할 터인가?" 칸이 그에게 물었다.

"좋은 소식을 가져왔지요. 곧 따님을 고치겠습니다."

그의 목소리를 들은 나기르 체첵은 기쁨의 눈물을 흘렸다. 그러곤 그에게 가까이 오도록 했다. 그녀는 그의 손을 꼭 잡고 놓지 않았다. 안치 카라는 그녀의 곁에 앉아 그녀에게서 눈을 떼지 못했다. 그러자 대머리 라마승이 칸에게 뭐라고 귓속말을 했다. 칸이 얼굴을 찡그리더니 젊은 안치 카라에게 곁눈질을 했다.

"자네가 내 딸을 고칠 수 있을지 두고 보면 알겠지. 만약 거짓말이라면 오늘 저녁 자네의 팔을 베고 모자 쓴 자네 머리를 없애 버리겠네." 다린자 칸이 엄포를 놓았다.

"칸 어른, 모닥불을 끄라고 명령해 주십시오. 연기가 따님의 눈에 들어갑니다." 안치 카라가 부탁했다.

모닥불을 끄고 모두 안치 카라가 칸의 딸을 치료하기를 기다리고 있었다. 한 시간, 두 시간이 지나도 그는 꿈쩍도 않은 채 계속 앉아 있기만 했다. 벌써 어둑해진 저녁 무렵이었다. '만약 백조들이 꽃을 못 찾으면 어쩌지' 하고 안치 카라는 걱정이 되기 시작했다. 그는 백조가 날갯짓하는 소리가 들릴까 귀를 기울여 보았다. 그러는 동안 칸의 딸은 상태가 더욱 악화되었다. 그녀는 아파 신음소리를 냈다.

"대체 왜 내 딸을 치료하지 않는 거지, 이 나쁜 놈아?" 온 유르트가 쩌렁쩌렁 울릴 만큼 다린자 칸은 큰소리를 쳤다.

"지금 기다리고 있습니다, 칸 어른. 아직 해가 지지 않았습니다. 시간을 좀 주십시오."

"해가 지자마자 널 처형할 것이다." 칸이 협박하며 말했다.

"하늘의 종을 비웃으면 어찌 될지 곧 알게 될 것이야." 대머리 라마승이 고소하다는 듯 손을 비비며 중얼거렸다.

'대체 백조들은 어디 있는 거야? 정말로 칸의 딸 눈이 멀면 어쩌지? 그러면 곧 내게 죽음이 닥치겠지? 내 귀한 목숨을 아직 내줄 수는 없는데….' 안치 카라는 불안에 떨며 생각했다.

칸이 일어나 문을 활짝 열었다. 태양이 벌써 황금 고리 모양을 한 채 볼차이틸릭산의 정상에 닿고 마침내 붉은 빛으로 땅에 불을 켜는 것이 보았다. 칸이 하인들에게 안치 카라를 붙잡아 사형을 집행하라는 신호를 내리려는 순간 갑자기 푸드덕거리는 날갯짓 소리가 들렸다. 유르트 위로 큰 새들이 급히 날아들었다.

안치 카라만이 유르트로 통하는 연기통에 파란 꽃 두 송이가 떨어진 것을 알아차렸다. 그리고 사람들이 문가로 모여드는 동안 안치 카라는 새들에게 눈인사를 한 후, 나기르 체첵의 눈에 파란 꽃 즙을 무사히 뿌렸다.

칸의 딸이 고개를 들자 그녀의 눈은 모든 것이 점점 환하게 보이기 시작했다. 그녀는 자기 앞에 있는 전나무처럼 건장하고 잘 익은 구름나무 열매처럼 눈이 새까만 착한 젊은이가 보였다.

"보여요, 보인다고요!" 나기르 체첵이 소리치며 기쁨의 눈물을 흘렸다. 그러곤 곧 편안한 잠에 빠져들었다.

"제가 당신의 딸을 고쳐 드렸습니다, 칸 어른. 이제 칸 어른이 약속을 지키셔야지요. 제게 허락하신 것은 가져가겠습니다. 칸 어른께서 주기로 하신 것은 주십시오."

칸은 이렇게 평범한 사람에게 자신의 딸을 주고 싶지 않아 당황했다. 그러자 대머리 라마승이 또다시 칸의 귀에 뭔가 속삭였다.

"내 약속은 믿을 만한 것이다. 그런데 네가 하느님의 종인 현자 라마승을 능멸했다. 그러니 너를 구덩이 안에 묻어야겠다. 거기서 빠져나오면 그때 혼인에 대해 말해 보자."

그러고는 안치 카라를 깊은 구덩이에 던지고 그 위에 큰 돌덩이를 세워 놓았다. 안치 카라는 밤낮으로 대머리 라마승을 저주하는 욕을 퍼부으며 슬픔에 빠져 있었다. 그러던 어느 날 모퉁이에서 쥐들이 찍찍 우는 소리가 들렸다.

"만일 저 죄수가 우리 말을 알아듣는다면 우리가 구해 줄 텐데. 수천 마리나 되는 우리가 지하 통로를 파 줄 수 있잖아." 시커먼 쥐가 말했다.

"그런데 저 사람이 우리 말을 알아듣기나 하겠어?"

"이렇게 하면 되지. 만약 우리 말을 알아들으면 손바닥을 세 번 치라고 하자."

흥분한 안치 카라가 손바닥을 세 번 쳤지만 얼마나 크게 쳤던지 쥐들은 순식간에 쥐구멍으로 사라져 버렸다. '아이고, 내가 무슨 짓을 한 거야?' 그는 자신을 책망하며 말했다. 그가 쥐들을 놀라게 해 내쫓은 꼴이었다. '지금까지 겨우 켜져 있던 내 난로가 이제는 꺼져 버리는구나!' 그러나 한 시간도 채 지나지 않아 찍찍거리는 쥐 울음소리가 구덩이를 가득 채웠다. 헤아릴 수 없을 만큼 많은 쥐들이 모여 모두 지하 통로를 파기 시작했다.

낮이 가고 또 밤이 지났다. 아침이 되자 시커먼 생쥐가 찍찍 소리를 냈다.

"어서 자유로운 세상으로 나오세요, 우리 말을 알아듣는 젊은 양반." 생쥐들은 꼬리를 흔들더니 사라졌다.

안치 카라가 밖으로 나와 몸을 부들부들 떨며 칸의 유르트로 들어갔다. 그 시간 그곳에서는 나기르 체첵이 진실을 알고자 칸에게 계속 캐묻고 있었다.

"저를 구해 준 그 착한 젊은이는 어디 있는 거예요? 그 사람이 보고 싶어요."

"내 가축과 재물을 좀 줬더니 만족하며 자기 마을로 떠났단다. 너에 대해선 관심도 없는 것 같더구나." 칸이 그녀에게 대답했다.

"안치 카라는 나쁜 놈입니다, 그놈은 생각도 하지 마십시오, 아름다운 나기르 체첵 아가씨!" 대머리 라마승이 칸의 말에 맞장구를 쳤다.

"거짓말! 안치 카라는 좋은 사람이에요. 제 눈으로 똑똑히 봤어요. 그가 어디로 갔는지 모르겠지만 저는 그를 찾아 따라가겠어요!" 칸의 딸이 소리쳤다.

바로 그때 문이 활짝 열리더니 안치 카라가 유르트 안으로 들어왔다. 땅속에서 나와 온몸이 새까맸지만 나기르 체첵은 그를 알아보고는 기쁨의 눈물을 흘렸다.

안치 카라가 그녀에게 말했다.

"아가씨의 아버지는 내게 가축도 재물도 주지 않았습니다. 나를 깊은 구덩이에 던져 놓고 무거운 돌로 입구를 막았지요. 당신의 아버지는 당신을 내 부인으로 주겠다는 약속을 지키지 않은 것입니다. 그리고 대머리 라마승은 못 믿을 사람이니 그를 조심하십시오. 보셔요, 지금도 당신 아버지께 귓속말을 하고 있지 않습니까."

"저들이 어떤 나쁜 꾀를 꾸민다 하더라도 저는 당신의 부인이 되겠어요, 안치 카라. 아버지, 아버지의 외동딸 나기르 체첵이 말하는 것 듣고 계시죠?"

"그래 듣고 있단다, 듣고 있어. 하지만 먼저 네 신랑감이 공을 세워야겠다. 하얀 타이가를 지나 남쪽의 검은 강 근처에 있는 절벽에 악령인 슐부스가 나타났다고 했다. 이 악령을 무찌르지 않으면 이 세상에 큰 전쟁이 일어나게 될 거야."

안치 카라는 광채가 나는 칸의 딸과 작별 인사를 나누고 볼차이틸릭산으로 떠났다. 그는 바위에 앉아 깊은 생각에 잠겼다. '걸어갈 수밖에 없는 내가 슐부스가 사는 절벽까지 어떻게 갈 수 있으며 가진 거라곤 활밖에 없는 내가 어떻게 악령을 무찌를 수 있단 말인가?'

그러자 하늘에서 두 마리 백조가 내려오더니 안치 카라에게 근심에 빠진 이유를 물었다. 그가 칸의 꾀를 백조들에게 설명해 주자 백조는 그를 위로하기 시작했다.

"너무 상심하지 마세요, 안치 카라 씨. 당신이 우리가 사랑하는 나기르 체첵의 눈을 찾아 줬으니 우리가 당신을 돕죠. 아르자이티산의 북쪽 산비탈에는 얼룩말 무리가 풀을 뜯고 있어요. 무리 중 이마에 하얀 반점이 있는 검은 말을 찾으세요. 그 말을 타고 황금빛 타이가를 지나면 골짜기에 길이가 2미터나 되는 뱀이 살고 있을 거예요. 뱀에게 슐부스의 굴로 기어가서 슐부스의 몸통을 친친 감으라고 명령하세요. 그러고 난 후 애꾸인 슐부스의 눈에 화살을 쏘시면 됩니다."

안치 카라는 백조들에게 감사 인사를 한 후 아르자이티 산의 북쪽 산비탈로 떠났다. 그는 그곳에서 얼룩말 무리 중 이마에 하얀 반점이 있는 검은 말을 발견하자마자 말 위에 올라탔고, 황금빛 타이가를 따라 쏜살같이 달려갔다. 골짜기에서 안치 카라는 2미터 길이의 뱀을 찾아보았다. 뱀은 똬리를 튼 채 햇볕을 쬐고 있었다. 안치 카라는 뱀에게 슐부스에게 다가가 그의 몸통을 돌돌 말라고 명령하고, 자신은 검은 강 근처의 슐부스 굴 옆에 몸을 숨기고 뱀이 기어 나오기를 기다렸다.

안치 카라는 사흘 밤낮을 기다렸다. 드디어 해가 뜨고 바위가 여러 황금빛을 띠자 뱀이 기어 나왔다. 뱀이 자고 있던 슐부스를 쇠고리로 졸라맨 것처럼 감자, 슐부스는 팔을 움직일 수도, 발을 땅에 디딜 수도 없었다. 바로 그때 안치 카라가 동굴로 들어가 슐부스의 불 같은 눈을 향해 조준한 후 화살을 당겼다. 그러자 우레와 같은 소리가 났다. 절벽이 무너져 동굴을 덮치자 안치 카라는 겨우겨우 밖으로 빠져나왔다.

다린자 칸은 우레 소리를 듣자 안치 카라가 슐부스를 무찔렀다고 여겼다. 당황한 칸은 대머리 라마승을 마을에서 쫓아내고 딸의 결혼식을 준비하기 시작했다.

안치 카라가 이마에 하얀 반점이 있는 검은 말을 타고 칸의 마을에 도착하자 그는 칸의 유르트와 나란히 커다란 흰색의 또 다른 유르트를 발견했다. 유르트 안에 들어가니 나기르 체첵이 양탄자에 당당하게 앉아 웃고 있었으며, 그녀와 나란히 무늬로 장식한 큰 궤가 여러 재물과 함께 자랑스럽게 자리를 차지하고 있었다.

"여기가 바로 우리 유르트예요. 기쁘죠, 안치 카라?"

"아주 기쁩니다. 그렇지만 저는 제 고향 카라강으로 돌아가고 싶습니다. 저와 함께 가주시겠어요?"

"가겠어요." 나기르 체첵이 망설임 없이 대답했다. 안치 카라와 나기르 체첵은 카라강에 터를 잡고 행복하게 살았다.

코두르 올과 비체 키스

구스트강 기슭에 부라 바시틱이 살고 있었다. 그는 커다란 흰색 유르트, 몇천 마리의 가축과 많은 일꾼을 가진 부자였다. 일꾼 중에는 나이 많은 사냥꾼, 그의 아들 코두르 올과 코두르 올이 사랑하는 아가씨 비체 키스가 있었다. 어느 날 부라 바시틱의 구타를 더는 견딜 수 없어진 코두르 올의 아버지는 아들과 숲으로 떠나기로 결심했다. 떠나기에 앞서 코두르 올은 작별 인사를 하러 사랑하는 여인에게 갔다.

"아버지와 숲으로 떠나게 됐어. 더 이상은 못된 부라 바시틱에게 복종하며 살고 싶지 않아." 코두르 올이 말했다.

"나를 버리는 거예요?"

비체 키스는 눈물을 흘렸다. 코두르 올은 그녀를 꼭 껴안고 키스하며 말했다.

"너를 절대로 버리지 않을 거야, 나의 비체. 숲속에서 사냥을 성공적으로 마치면 너도 부라 바시틱으로부터 자유롭게 해 줄게."

비체 키스는 소매 끝자락으로 눈물을 닦으며 웃음 지었다.

"알았어요, 자기! 자기가 꼭 성공하길 바랄게요."

코두르 올은 먼저 출발한 아버지를 따라잡기 위해 서둘렀다. 여정을 위해 그는 노래 부를 때 연주하는 자신의 전통 악기 비잔치를 챙겨 갔다. 코두르 올은 사랑하는 여인이 홀로 있을 검은 유르트를 자주 뒤돌아보며 걸어갔다. 또 연인이 그의 목소리를 오랫동안 들을 수 있도록 큰 소리로 노래를 불렀다.

만약 쿠스쿤눅산 기슭에서 우물을 파면
거기서 깨끗한 물을 긷겠지.
만일 흰 유르트에 사는 처녀에게 구혼한다면
그곳에서는 착한 신붓감을 찾겠지.

코두르 올은 비체 키스를 생각하며 걸었다. 바로 그때 그 앞에 부라 바시틱의 큰딸인 칠바카이가 난데없이 나타났다. 그녀는 은빛 마구를 찬 멋진 백마를 타고 있었다. 긴 비단 망토를 두르고 값비싼 모피 모자를 쓰고 있었으며, 귀에는 황금 귀걸이를 차고 있었다. 하지만 그녀의 눈은 가시 많은 덤불처럼 날카로웠다.

"네가 우리 아버지의 일꾼 중 제일 잘생겼지. 그런데 나와 우리 마을을 떠난다고! 네가 없으면 누가 너 대신 나를 어루만져 줄까?"

코두르 올이 잠시 잠자코 있었다. 탐욕스러운 살쾡이가 제물을 갈기갈기 찢으려 할 때 무슨 말을 해 줄 수 있겠는가?

마침내 코두르 올이 칠바카이에게 조용하지만 단호하게 말했다.

"아가씨는 부자이며 화려한 분이시죠. 하지만 진심이란 게 없어요. 그래서 저는 아가씨를 좋아하지 않고 앞으로 계속 보고 싶지도 않네요."

칠바카이는 말을 채찍으로 있는 힘껏 때려 스텝으로 쏜살같이 내달렸다. 코두르 올은 아버지를 좇아 다시 길을 떠났다. 넓고 평평한 스텝을 지나 숲의 변두리 지역으로 들어섰다. 그곳에는 물살이 빠른 강물이 흘렀으며, 강 너머로는 끝없는 숲이 펼쳐져 있었고, 숲 너머에는 하늘과 닿을 정도로 높이 솟은 산들이 줄지어 서 있었다. 그 시간에 해는 이미 한쪽에서 다른 쪽 절벽으로 넘어가고 있었으며, 곧 아래로 떨어지려 했다.

코두르 올이 가파른 강 위로 올라갔다. 그는 강가로 뻗어 있는 큰 벼랑 끝에서 마침내 아버지를 만났다.

"대체 어딜 그리 오래 갔다 오는 게냐? 너 때문에 짐승들의 야간 사냥 시간을 놓쳤단다."

"어디 갔던 게 아니라 저 오솔길 말고 다른 길로 돌아와서 늦어졌어요." 코두르 올은 아버지의 매서운 눈초리에 난 처해하며 대답했다. 그는 비체 키스에 대해 한 마디도 꺼낼 수 없었다.

두 사람은 큰 모닥불을 피워 놓고 벼랑 아래에서 잠을 청했다.

캄캄한 하늘로 날아 올라가는 불꽃을 보며 코두르 올은 생각에 잠겼다. '우리를 둘러싼 나무들도 하늘에 떠 있는 별들도 그리고 아버지와 나도, 우리 모두는 살고 싶다. 삶이 힘들긴 하지만 그래도 산다는 것은 좋은 일이다! 다만 아버지 같은 사람이 되어야 한다. 짐승을 많이 잡으면 비체 키스가 우리 새 유르트의 안주인이 될 수 있을 텐데.' 이런 생각에 빠진 채 그는 잠이 들었다.

코두르 올이 잠에서 깨어났을 때 모닥불은 이미 꺼진 지 오래였다. 아버지는 계시지 않았다. 코두르 올은 일어나 재빨리 씻고 총에 탄환을 채워 넣었다.

그 순간 자신과 항상 함께했던 친구인 비잔치가 생각났다.

"사냥하는 동안 내게 행운을 빌어 다오." 손으로 비잔치를 꽉 잡으며 노래했다.

종달새 노랫소리가 숲에 가득하니
사랑하는 내 연인의 목소리가 내 마음과 피를 가득 채우는구나.

노래를 마친 그는 아무도 찾을 수 없는 숨겨진 큰 바위 앞에 비잔치를 세워 놓고, 총을 들고 사냥하러 길을 나섰다. 그는 나뭇가지 하나도 발로 건드리지 않을 만큼 조심스럽게 걸었다.

저녁까지 돌아다녔지만 짐승을 한 마리도 잡지 못한 코두르 올이 벼랑으로 돌아왔다.

곧 한쪽 어깨에는 총을, 다른 어깨에는 야생 염소를 멘 아버지도 돌아왔다. 그러나 비체 키스 생각에 푹 빠진 코두르 올은 아버지의 인기척을 알아차리지 못했다.

"얘야, 뭐가 그리 슬프니?" 아버지가 묻자 코두르 올은 움찔했지만 당황한 모습을 감추었다.

"뭐가 그리 슬프냐고요? 보세요, 아버지께서는 사냥감을 들고 오셨지만 저는 빈손이잖아요."

"슬퍼하지 말거라. 염소는 우리 것이잖니. 비잔치를 가져와서 연주하며 노래 좀 부르렴. 난 네가 노래할 때가 참 좋단다."

코두르 올은 잠들 때까지 손에서 비잔치를 놓지 않고 연주하며 노래했다. 코두르 올이 잠에서 깨자 아버지는 이번에도 계시지 않았다. 총을 든 코두르 올은 사냥감을 반드시 잡아 오겠다고 굳게 결심했다. 그때 천둥소리가 요란스레 울려 퍼졌다.

'이게 뭐야? 모든 일이 내 뜻과는 반대로 되어 가고 있어. 가을에 뇌우라니!' 그는 총을 바위에 올려 놓고 비잔치를 들고 연주하며 노래를 부르기 시작했다. 그의 목소리는 사나운 폭풍처럼 컸지만 동시에 마치 뿔사슴이 유혹하듯 호소력 짙은 부드러운 고음이었다. 비가 퍼붓고 천둥이 내리쳤다. 코두르 올에게 폭풍의 울부짖는 소리는 들리지 않았다.

갑자기 뭔가가 심하게 부서지는 소리가 들렸다. 번개가 절벽에 바짝 붙어 있던 오래된 큰 잣나무를 산산조각 낸 것이었다. 코두르 올이 정신을 차리자 또다시 부서지는 소리가 크게 나더니, 코두르 올이 앉아 있던 바위에서 잘 차려입은 아가씨가 나왔다. 그녀는 길고 붉은 비단 망토를 입고, 초록 허리띠를 둘렀으며, 문직으로 짠 살쾡이 털모자를 쓰고 수를 놓은 전통 신발 이디키를 신고 있었다. 그녀의 가늘고 까만 눈은 반짝였고 콧등은 땅에 닿을 만큼 길어 보였다. 그녀는 폭풍을 신경도 안 쓰는 듯 꺼진 모닥불 가까이에 편히 앉았다.

코두르 올은 어찌할 바를 몰랐다. 아버지가 떠오르기도 하고 비체 키스가 생각나기도 해서 입을 굳게 닫았다. 그러다가 결국 그가 입을 열었다.

"당신은 누구신가요? 어디서 오셨죠?"

"저는 이 산과 숲의 공주랍니다. 당신의 비잔치 소리를 듣고 여기까지 오게 되었어요. 그 소리가 제 마음을 사로잡아 결국 당신을 사랑하게 되었답니다."

이 말을 듣자 코두르 올은 안심이 되는 것 같았다. 그러나 뭔가 낯선 느낌이 그를 밀어내고 있었다. 코두르 올이 단호하게 물었다.

"그래서 당신이 내게 원하는 게 뭐죠?"

"저와 함께 가요. 제게는 수백 마리 짐승이 있어요. 그리고 순금과 은으로 만든 유르트도 있고요. 만일 당신이 제 친구가 되어 준다면 이 모든 것을 가질 수 있을 거예요. 허락해 주시겠어요?"

바로 그때 또다시 뇌우가 큰 소리를 내며 쏟아지더니 천둥이 치고 비가 퍼부었다. 그러고는 신비로운 마력이 코두르 올을 일으켜 세워 공중으로 데려가는 것이었다. 땅으로 내려오자 그는 고래 등같이 으리으리한 유르트를 발견했다.

코두르 올이 안으로 들어갔다. 유르트 바닥에는 수놓은 양탄자가 깔려 있었고, 벽을 따라 놓인 은으로 새긴 궤들 안에는 값비싼 모피와 보석이 가득 차 있었다. 화로 위 큰 냄비에는 아주 옅은 노란색 거품을 뿜는 우유가 담겨 있었다. 오른쪽에는 용과 사자 무늬 그릇 장식장이, 왼쪽에는 비단 담요가 덮인 침대가 있었다. 유르트에는 아무도 없었다. 잠시 후 공주가 안으로 들어왔다.

"바로 여기가 제 유르트예요. 여기서는 모든 게 당신 것입니다."

코두르 올은 아무 말도 하지 않았다.

"무슨 남자가 그렇게 수줍음을 타세요? 왜요, 제가 무섭나요? 원하시면 당신 부인이 될 수 있는데요?"

코두르 올이 침묵을 지키자 그녀는 계속 말을 이었다.

"당신 가족에 대해 걱정하시는 거라면 그러지 않아도 돼요. 우리가 함께 살게 되면 그분들을 여기로 모셔 오세요."

"내게 당신의 재산과 당신의 미모는 필요 없소. 내겐 가난하지만 사랑하는 여자가 있소." 코두르 올이 말했다.

"아하, 어쩐지! 그래도 안 돼요, 당신은 그녀에게 못 가요. 제가 길을 안 가르쳐 줄뿐더러 말도 안 내줄 테니까요!" 몹시 화가 난 공주가 소리를 지르며 나갔다.

그러고는 유르트 주위에 보초를 세웠다.

코두르 올은 유르트에서 활시위를 팽팽하게 당겨 날아간 화살이 간 곳까지만 겨우 나갈 수 있었다.

그는 매일 언덕에 기어 올라가 비잔치로 연주하며 좋아하는 노래를 불렀다. 마을 사람들 모두 그의 노래를 듣기 위해 모여들었다.

코두르 올은 오랫동안 어떻게 하면 공주에게서 달아날 수 있을지 고민했다. 그러던 어느 날 기회가 찾아왔다. 숲의 공주가 코두르 올의 인내심을 시험하기로 한 것이다. 일몰이 시작될 무렵 그녀가 그를 찾아가 말했다.

"코두르 올, 제 말을 들어 보세요! 이 세상에서 제일 소중한 것을 갖고 싶으면 90일 동안 한 마디도 하지 마세요. 만약 당신이 이 조건을 지키신다면 원하는 모든 것을 얻을 수 있어요. 하지만 그렇지 않으면 여기서 쫓겨나 아무것도 갖지 못한 채 당신의 은신처로 돌아갈 거예요. 그렇다고 저를 속일 생각은 하지 마세요. 일부러 말을 하면 평생 보초들이 서 있는 이 유르트에서 살게 될 테니까요."

"당신의 요구를 따르겠소." 코두르 올이 승낙했다.

코두르 올은 이 조건을 지키며 오랫동안 말을 하지 않고 지냈다. 이따금 산에 올라가 비잔치를 연주했다. 그는 고향과 비체 키스를 생각하며 추억에 잠기곤 했다. 더는 이곳에 머물고 싶지 않았지만 계획하지 않은 말이 저절로 나오려면 무슨 소리를 내야 할지 몰랐다.

어느 날, 코두르 올은 유르트에 들어가서 화로에 장작을 집어넣으며 어떻게 아무 생각 없이 말해야 할지 골똘히 생각하고 있었다.

그가 불이 활활 타는 것을 잊고 있을 때, 솥에 끓고 있던 우유가 소리를 내며 넘치자 불꽃이 꺼졌다. 그러자 그가 자기도 모르게 소리를 질렀다.

"우유가 끓어. 우유가 끓고 있다고!"

요란한 소리가 나더니 누군가 코두르 올을 들어 올려 데려갔다. 오랫동안 날아간 그는 마침내 땅에 내려왔다. 정신을 차리자 그는 낯익은 바위 근처에 모닥불이 있고 낡은 옷을 입고 손에 비잔치를 들고 있는 자신을 발견했다.

"대체 어디 있었던 게냐, 내 아들아! 수많은 밤을 잠 못 이루었단다. 타이가를 온종일 헤매고 돌아다니며 너를 찾아보았지. 때로는 네 노랫소리를 듣기도 했다. 그런데 노랫소리가 메아리가 되어 온 사방에서 들려오더구나. 어떤 날은 골짜기까지 갔다가 돌아오곤 했지. 왜 말도 없이 어디를 갔다 온 게냐?" 아버지는 아들의 머리를 가슴에 안고 물었다.

코두르 올은 그동안 자신에게 있었던 모든 일을 이야기해 주었다. 아들 말을 끝까지 들은 아버지가 말했다.

"부자들은 모두 똑같지. 네가 돌아와서 참으로 다행이구나."

"아버지는 또 사냥감을 잡아 오신 거예요?"

"당연하지! 40년을 사냥하며 살았지만 이렇게 많은 사냥감은 한 번도 잡은 적이 없었단다."

아버지가 큰 더미에 다가가 나뭇가지를 치우자 그 아래

에는 줄지어 쌓아 놓은 동물의 비싼 가죽이 가득 들어 있었다. 코두르 올이 기뻐 말했다.

"부라 바시틱이 배가 엄청 아프겠어요! 그동안 아버지를 도와드리지 못해서 정말 죄송해요, 아버지! 아버지 혼자 이 모든 것을 잡으셨잖아요."

"괜찮다, 아들아. 이 모든 것은 네 노래 덕분이란다. 네가 노래하며 연주할 때 타이가의 모든 동물은 그 소리를 들으려고 멈춰서 귀를 기울였지."

아버지는 총을 닦은 후 가죽을 묶었다. 가죽을 걸머지고 그들은 집으로 향했다. 그들이 머문 곳에는 동물 뼈와 꺼진 모닥불의 숯만 남아 있었다.

코두르 올이 아버지와 함께 사냥감을 잔뜩 들고 돌아온 것을 보게 된 부라 바시틱은 그들을 반가이 맞이했다. 그러나 그들은 부라 바시틱에게 예전처럼 인사도 하지 않은 채 자신들의 유르트로 곧장 가 버렸다.

부라 바시틱은 분해서 참을 수가 없었다. 그는 코두르 올의 유르트로 들어가 나무라며 말했다.

"당신들은 무슨 사람들이 그렇소? 사냥을 성공적으로 마치면 친구들과 가까운 사람들과 함께 나누는 옛 풍습도 잊은 게요?"

"그러는 당신은 예전에는 우리의 슬픔을 모른 척하더니

이제 우리가 부유해졌다고 인사하는 거요?" 아버지가 말했다.

부라 바시틱이 외투의 긴 소매를 흔들며 재빨리 자리를 떠났다. 코두르 올은 아버지와 함께 유르트에 사냥감을 여기저기 나누어 사방에 걸어 놓았다. 곧 부라 바시틱이 다시 나타났다. 이번에 그는 예복을 차려입은 딸을 데리고 왔다.

"이보게, 영감. 자네와 단둘이 할 얘기가 있네." 부라 바시틱이 코두르 올의 아버지에게 말했다.

두 사람은 유르트에서 나왔다. 코두르 올이 펠트 매트 사이로 부라 바시틱의 큰 속삭임을 들었다. "말이야, 자네는 아들이 있고 나는 딸이 있네. 둘의 행복을 생각해 보자고."

코두르 올이 얼굴을 돌려 부라 바시틱의 딸을 바라보았다.

"이제 우리는 같은 위치에 있어, 코두르. 우리는 집안이 좋고 당신은 부자니까 말이야. 난 당신의 부인이 될 거야. 당신을 사랑하거든."

"당신은 내가 아닌 우리 아버지가 잡은 동물 가죽을 사랑하는 거겠지. 가 줘. 당신의 집안 따위는 내게 필요 없어."

한편 비체 키스는 부라 바시틱의 유르트에서 일하다 말고 슬피 울고 있었다.

"코두르 올이 부자가 되자 부라 바시틱이 칠바카이와 결혼시키려 한다는데 어쩜 좋아.” 그녀는 혼잣말을 했다.

그때 화가 머리끝까지 난 부라 바시틱과 그의 딸이 눈이 빨개진 채 유르트로 들어왔다.

“넌 대체 여기서 뭐 하는 거야? 우리 유르트에서 어서 꺼져!” 부라 바시틱이 비체 키스에게 소리를 질렀다.

두 사람이 화가 난 이유를 모르는 비체 키스는 침대 커튼을 놓고 유르트를 조용히 빠져나왔다. 혹시 코두르 올이 결혼에 동의하지 않고 나를 아직 생각하고 있는 건 아닐까? 이런 희망을 가지고 그녀는 코두르 올의 유르트로 달려가던 중 중간 지점에서 그를 만났다.

코두르 올은 그녀의 손을 붙잡으며 말했다.

“앞으로 다시는 헤어지지 않겠어!”

“저도요.” 그녀가 답했다.

그리고 비체 키스는 코두르 올의 부인이자 새 유르트의 안주인이 되었다.

자작나무 처녀

옛날 옛적에 사 형제가 함께 살고 있었다. 막내는 사냥을 하러 다니고, 가운데 두 형제는 가축과 재산을 관리했고, 큰형은 타이가 숲에 나무를 하러 다녔다.

어느 날 큰형은 타이가 숲에서 큰 자작나무를 발견했다. 큰형은 나무를 베어 장작을 만들려 했지만 나무의 순백색에 반해 마음을 바꾸었다. 그래서 그는 자작나무를 깎아 인형을 만들었다.

큰형은 장작단을 묶어 튼튼한 어깨에 메고 자작나무 인형을 손에 들고 집으로 향했다.

인형을 본 둘째는 화려한 예복을 만들어 입혀 주었고 셋째는 인형과 나란히 음식을 놓고 인형의 입에 신선하고 따뜻한 우유를 적셔 주었다.

유르트 근처에 앉아 있는 예쁜 인형은 진짜 살아 있는 사람처럼 보였다. 저녁이 되자 사냥터에서 돌아온 막내 비체올은 자작나무 처녀를 보자 그만 사랑에 빠지고 말았다. 인형을 계속 바라보던 그는 참지 못하고 그만 인형의 입술에 키스를 하고 말았다. 그러자 인형이 갑자기 생기를 띠더니 눈을 뜨고는 떠들썩한 웃음소리를 내며 비체올을 포근히 안아 주는 것이 아닌가.

이 사실을 알게 된 형제는 서로 자기 덕분이라며 다투기 시작했다.

큰형이 말했다.

"내가 자작나무로 만들어 줬으니 이 아가씨는 내 거야."

둘째가 말했다.

"아냐, 내 거야. 내가 옷을 입혀 줬잖아."

셋째가 말했다.

"먹을 것은 내가 줬거든."

단 한 사람 비체올만 잠자코 아가씨 곁에 앉아 그녀에게서 눈을 떼지 못했다.

형제는 오래 다투었다. 마침내 큰형이 제안을 했다.

"그럼 이 아가씨가 자기를 위해 누가 제일 애썼는지 직접 고르라고 하자. 이 아가씨가 선택하는 사람이 남편이 되는 걸로 하자고."

자작나무 아가씨가 잠시 생각한 후 말했다.

"큰오빠는 저를 자작나무 처녀로 만들어 줬어요. 그러니 제게 아버지가 되겠네요. 둘째 오빠는 제게 옷을 입혀 줬죠, 그러니 제게 엄마가 되겠죠. 셋째형은 제게 음식을 먹여 줬어요. 그러니 제 오빠가 되겠죠. 그러나 비체올은 마치 신랑이 신부에게 하듯 저를 어루만져 주었어요. 그러니 제 남편은 비체올이 되어야 해요."

사 형제는 아가씨의 현명한 대답에 놀라며 그녀의 결정에 따르기로 했다. 비체올과 처녀는 오래도록 근심걱정 없이 살았다. 이들 부부는 지금도 나이 들지 않은 채 행복하게 잘 살고 있다고 전해진다.

어부 오스큐스 올

카라강 상류에 카라티 칸이, 하류에는 라마승과 그를 따르는 신자 두 명이 살고 있었다. 또 강의 중류에는 낙엽송 껍질로 만든 춤[6]에 가난한 어부 오스큐스 올과 크고 검은 맹견이 살고 있었다.

라마승은 '어떻게 하면 카라티 칸의 별처럼 반짝반짝 빛나는 어여쁜 딸을 부인으로 삼을 수 있을까? 어떻게 데려올까? 청혼하러 갈 수도 없고. 그럼 법을 어길 테니 말이야. 하는 수 없이 칸을 속여야 하는데…. 그럼 어떻게 속일까' 하고 고민하며 하루하루를 보내고 있었다. 그러던 중 드디어 좋은 방법이 떠올랐다. 그는 곧장 카라티 칸에게 갔다. 두 사람이 술을 마시러 자리에 앉자 라마승은 칸의 아라크 술잔에 독초로 만든 흰 가루를 몰래 털어 넣었다. 그러곤 자기가 가고 난 후에 칸에게 병이 나길 바라며 재빨리 자리를 떴다.

라마승이 집으로 돌아오자마자 칸의 하인들이 황급히 도착했다.

---

6) 순록 가죽이나 자작나무 껍질로 덮어 장대를 세워 원뿔형으로 만든 우랄 유목민들의 이동식 가옥이다.

"어서 말에 올라타세요, 어서요, 덕망 높은 라마승 어른! 우리 주인님이 중병에 걸리셨나 봐요!"

"지금 약을 가져가겠네. 내 충성스런 제자들아! 지금 칸에게 가 봐야 하는데 내가 카라강을 따라 가죽으로 덮은 큰 궤를 곧 띄워 보낼 것이네. 자네들은 강가에 서서 궤를 놓치지 않고 잘 지키다가 내 유르트로 가져오게. 대신 내가 없을 때 열면 절대 안 되네!" 라마승이 제자들에게 말했다.

그러곤 라마승은 칸의 하인들과 함께 칸의 유르트로 떠났다. 아픈 칸에게 도착하자 그는 점괘를 보는 뼈를 공중으로 던졌다.

"아이고 칸 어른, 어른께서 위중하시네요. 하루도 채 못 버티고 돌아가실 것 같습니다. 저승에서 이 사실을 이미 알고 당신을 맞이할 준비를 하고 있습니다. 그런데 당신 대신에 저승으로 다른 사람을 보낼 수 있다고 하네요. 바로 칸의 외동따님입니다. 가죽으로 덮은 궤에 따님을 넣어 카라강 하류로 보내야 한답니다."

"아니, 무슨 말을, 무슨 말을 하시는 겁니까, 덕망 높으신 라마승님! 제 어린 외동딸을 강에 던질 수는 없습니다. 죽는다면 그냥 제가 죽게 내버려 두세요, 저는 이미 살 만큼 살았으니까요."

라마승이 다시 독약을 넣어 칸을 더더욱 고통스럽게 만

들었다. 그리고 자신은 속히 떠날 준비를 했다.

"잠시, 잠시만! 아파서 더는 견딜 수가 없습니다. 사는 게 더 힘드네요! 차라리 제 딸을 저승으로 보내시고 대신 제 고통을 없애 주시오! 딸보다는 제가 살아야겠습니다. 제가 죽은 후에 제 딸이 이 명예로운 자리에 앉는다 하더라도 우리 마을을 통치할 수 없을 것이고 사람들의 잘잘못을 가릴 수도 없을 테니까요. 그리고 타이가의 야생 짐승을 향해 활을 쏠 수도 없겠죠. 아이고, 제발 살려 주십시오!"

라마승은 광채가 나는 칸의 딸을 큰 흑색 궤에 집어넣고, 궤를 소가죽으로 씌운 후 카라강에 던졌다. 그리고 칸에게는 독약을 없애는 가루를 넣어 마시게 하자 칸은 곧바로 건강을 되찾았다.

오스큐스 올은 여느 때처럼 낚시를 하고 있었다. 그의 곁에는 큰 맹견이 앉아 있었다. 정오 무렵 가죽으로 씌운 큰 궤가 강에 떠다니는 것이 보였다. 오스큐스 올이 자신의 허름한 춤으로 궤를 가져와 열자, 그 안에는 별처럼 반짝이는 아름다운 처녀가 있지 않은가. 그는 처녀를 조심스럽게 꺼내고 궤 안에 그녀 대신 맹견을 집어넣었다. 궤를 닫고 가죽으로 씌운 후 다시 카라강 아래로 띄워 보냈다.

라마승의 제자들은 강에서 눈을 떼지 않고 궤를 기다리고 있었다. 마침내 궤가 떠내려오는 것이 보였다. 그들은 물에 뛰어들어 궤를 끌어내고 라마승의 유르트로 가져왔다.

곧 술에 취해 잔뜩 흥분한 라마승이 돌아왔다.

"자, 내 충성스런 제자들아, 내가 강으로 보낸 궤를 찾았겠지?"

"찾아왔지요, 스승님." 그들이 답했다.

"어디에 있지?" 라마승이 물었다.

"스승님의 유르트에 있습니다, 스승님."

"좋아, 아주 좋아! 여보게들, 오늘 저녁에 내가 홀로 신령한 기도를 올리려 하네. 기도 중에 누구도 나를 봐서는 안 되네. 그러니 비명이나 신음소리가 나더라도 내 유르트에 들어오면 안 된다네. 그건 내가 신과 얘기를 나누는 것이네. 내 말 알아들었나?" 라마승이 물었다.

"잘 알았습니다, 스승님." 제자들이 답했다. 라마승은 유르트로 들어갔다. 그는 참지 못하고 궤를 열었다.

그러자 그곳에서 굶주린 큰 개가 뛰어나와 그에게 달려들었다. 라마승은 소리를 지르고 신음 소리를 내며 도움을 청했다. 그러나 제자들은 그 어떤 소리가 들려도 들어가서는 안 된다는 것을 잘 알고 있었다. 다음 날 아침 제자들이 스승에게 고기와 구운 과자를 드리러 갔다. 유르트 안에는 라마승 대신에 개가 갉아먹고 남긴 뼈만 앙상하게 남아 있었다.

한편 어부 오스큐스 올은 칸의 딸에게 푹 빠져 그녀 곁에서 떠나질 못했다. 그는 강에 가서 낚시하는 일도 그만두었다.

“어떻게 된 거예요? 예전에는 일도 하고 낚시도 했다면서요. 왜 집에만 있는 거죠? 앞으로 우린 뭘 먹고 사나요?” 공주가 물었다.

“당신이 너무 아름다워 당신 곁을 잠시도 떠날 수가 없소.” 오스큐스 올이 답했다.

“그럼 제가 제 얼굴을 그려 드릴게요. 그림을 보면서 물고기를 잡으면 되잖아요.” 그녀가 답했다.

오스큐스 올은 그녀의 말대로 그녀의 그림을 몸에 지니고 다시 낚시를 다니기 시작했다. 고기들은 예전보다 더 잘 잡혔다.

강한 바람이 불던 어느 날, 오스큐스 올은 손에 들고 있던 그림을 놓쳐 버렸고 그림은 어디론가 멀리 날아갔다. 찾고 또 찾아보았지만 어디서도 발견할 수가 없었다. 얼마나 많이 울었는지 눈이 퉁퉁 부은 채 집에 돌아왔다.

“무슨 일 있어요, 오스큐스 올? 왜 그리 슬퍼 보여요?”

“바람 때문에 당신 그림이 내 손에서 날아가 사라졌소. 그래서 정말 우울하오.”

칸의 딸도 시무룩해졌다.

"죽지 않을 것 같던 당신에게 이제 죽음이 다가오고 꺼지지 않을 것 같던 당신의 불이 꺼지나 봐요." 그녀가 말했다.

한편 그림은 오랫동안 바람을 타고 멀리 날아가 이웃 마을의 칸의 춤으로 날아들었다. 칸의 몸종이 그림을 발견하고 바로 칸에게 가져다주었다.

"아아, 세상에 이렇게 아름다운 여인이 있다니! 그녀와 당장 결혼해야겠다!" 칸이 흥분해서 소리쳤다.

그는 군대를 소집해 미녀를 찾아 나섰다. 얼마 후 그의 군인들이 오스큐스 올의 춤을 찾아냈다. 칸은 공주를 잡아 데려갔고 춤을 망가뜨렸으며 오스큐스 올을 마을에서 내쫓았다.

갈 곳 없는 오스큐스 올은 눈물을 흘리며 카라강 상류로 떠났다. 카라티 칸의 마을에 도착한 오스큐스 올은 칸의 양을 돌보는 일을 시작했다. 꼬박 삼 년을 일한 후 그는 품삯으로 뿔 없는 회색 황소와 곰 털로 만든 외투, 그리고 늑대 털로 만든 모자를 요구했다. 그러고는 곰 털 외투를 입고 늑대 털 모자를 쓴 그는 황소를 타고 자기 부인을 찾으러 떠났다.

한편 그의 부인이었던 광채가 나는 여인은 삼 년 동안 웃음을 잃고 지냈다. 칸이 아무리 애를 써도 그녀를 즐겁게 해줄 수가 없었다. 그녀의 양 입술 끝은 떨린 지 오래였다.

그러던 어느 날 그녀는 뿔 없는 회색 황소를 타고 곰 털 외투와 늑대 털 모자를 쓴 사람을 보았다. 칸도 그의 몸종도 이제껏 들어 보지 못한 유쾌한 소리를 내며 그녀가 깔깔댔다.

“삼 년 동안 한 번도 웃음은커녕 당신 입술의 움직임도 본 적이 없었는데 뿔 없는 못난 황소를 탄 보잘것없는 거지 청년을 보고 그렇게 좋아하며 웃는 거요?” 칸이 물었다.

“어떻게 안 웃을 수가 있어요! 저 사람이 입은 우스꽝스런 외투, 쓴 모자와 웃긴 황소 좀 보세요!” 그녀가 대답했다.

“그럼 내가 저렇게 입고 이 뿔 없는 황소를 타면 당신은 유쾌하게 웃을 거요?” 칸이 물었다.

“아이고, 칸 어른, 만약 당신께서 그러신다면 제가 더 많이 웃을걸요?” 그녀가 대답했다.

칸은 오스큐스 올에게 달려가 그의 외투와 모자를 바꾸자고 간청했다. 그런 후 칸은 뿔 없는 회색 황소를 타고 부인에게 기쁨과 웃음을 선사하기 위해 스텝으로 떠났다. 그때 그녀는 오스큐스 올을 재빨리 유르트로 불러 칸의 침대에 눕혔다. 그리고 군대를 불러 말했다.

“칸 어른이 중병에 들었소. 죽음이 가까이 있는 듯해요. 스텝에 가면 뿔 없는 회색 황소를 타고 곰 털 외투와 늑대 털 모자를 쓴 악마가 오고 있을 거예요. 그가 바로 우리의 칸에게 병을 준 사람이에요. 여러분이 그 악마를 죽여야만 해요.

곧 그가 이곳으로 다시 올 겁니다. 그 악마는 여러분을 속이려고 '내가 너희의 칸이다! 내가 너희의 칸이다'라고 외칠 겁니다. 그래도 당신들은 악마의 말을 믿으시면 안 돼요. 여러분의 칸은 여기 이 유르트에 누워 있으니까요. 병이 든 채 말이죠."

그녀는 마을 주위에 군인들을 세워 놓았다. 뿔 없는 회색 황소를 탄 사람이 마을로 들어서는 것이 보였다.

"무슨 옷을 입었는지 보세요!"

"곰 털 외투를 입고 있고 늑대 털 모자를 썼습니다."

"바로 그 악마예요, 악마! 우리 칸을 죽이려 이곳으로 오고 있어요!" 군인들이 소리쳤다.

그들은 그를 향해 달려가 활을 쏘기 시작했다.

"멈추어라! 내가 너희의 칸이다! 너희의 칸이라고!" 칸이 소리쳤다.

"아니오, 당신은 우리를 속일 수 없소, 당신은 악마니까!" 군인들이 소리쳤다. 그리고 옷을 바꿔 입은 칸을 죽였다.

그제야 오스큐스 올은 눈부시게 아름다운 미녀와 행복하게 살 수 있었다고 한다.

진실을 볼 수 있는 삼 형제

옛날에 말 한 마리를 가진 삼 형제가 살고 있었다. 어느 날 아침, 잠에서 깨어난 막내가 말했다.

"누가 말을 훔쳐 갔어."

둘째가 말했다.

"쫓아가 보자."

첫째가 말했다.

"서두를 필요 없어. 먼저 차 한 잔 마신 후 생각해 보자."

셋은 차를 끓여 마시며 생각에 잠겼다.

"말을 강 저편으로 데려갔네." 큰형이 말했다.

"말을 강 저편에 있는 흰 유르트에 사는 사람이 데려갔어." 둘째가 말했다.

"오제쥐이라는 사람이 데려간 거로구나." 셋째가 말했다.

삼 형제는 오제쥐의 집으로 갔다.

"당신이 우리의 말을 훔쳐 갔으니 내놓으시오!" 그들이 말했다.

"내가 당신 말을 훔쳐 갔다는 증거를 대 보시오! 목격자라도 있소?"

"목격자는 없지만 우린 알 수 있다오." 형제가 답했다.

"당신들이 그렇게 재주가 뛰어나다면 내가 감추는 것을 찾아보시오."

형제는 유르트에서 나와 밖에서 기다렸다. 그동안 오제쥑은 거미를 잡아 양탄자 밑에 숨겼다.

"들어오시오!" 그가 소리치자 형제가 집 안으로 들어갔다.

"당신이 뭔가를 양탄자 밑에 숨겼네요." 큰형이 말했다.

"다리가 기네요." 둘째가 말했다.

"바로 거미죠!" 막내가 말했다.

"당신들을 못 믿겠소. 훔쳐본 게 분명해요. 다시 합시다. 이번에는 더 멀리 스텝으로 가시오." 오제쥑이 말했다.

삼 형제가 유르트에서 멀어졌다. 오제쥑은 궤에 들장미 열매를 숨겼다.

"어서 들어오시오!" 그가 형제에게 소리쳐 들어오게 했다.

"당신이 뭔가를 궤에 숨겼네요." 큰형이 말했다.

"무슨 열매네." 둘째가 말했다.

"바로 들장미 열매죠." 막내가 말했다. 비상한 사람들이라 더는 말싸움으로는 안 되겠다고 생각한 오제쥑은 훔친 말을 데리고 왔다. 형제는 셋이 말을 타고 스텝으로 떠났다.

강가를 지나던 삼 형제가 어떤 자국을 보게 되었다.

"수레바퀴가 고장이 났네." 큰형이 말했다.

"수레를 끄는 낙타는 눈이 멀었고 말은 꼬리가 짧네." 둘째가 말했다.

"수레 주인은 딸이 하나 있고 그의 부인은 아이를 가졌어." 막내가 말했다.

곧 그들은 말을 타고 수레 주인 일행을 따라잡을 수 있었다. 주인이 뒤처졌기 때문이었다. 형제는 그와 보조를 맞춰 갔다.

"수레바퀴가 고장이 났고 당신의 낙타는 눈이 멀었으며 딸 하나에 부인은 임신 중이네요." 그들이 말했다.

주인이 깜짝 놀랐다.

"모두 맞습니다요. 어떻게 아셨죠?"

"발자국을 봤거든요." 형제가 대답했다. 주인은 그들에게 차를 대접했다. 형제는 가던 길을 계속 갔다.

그리고 곧 칸의 마을에 도착했다. 그들은 칸의 유르트에 들어갔다.

"누구시고 어디서 오셨소?" 칸이 물었다.

"저희는 딱히 사는 마을이 없죠." 큰형이 말했다.

"말 한 마리로 여기저기 떠돌아다니지요." 둘째가 말했다.

"당신 마을을 보고 하룻밤 청하러 들렀습니다." 막내가 말했다.

"옆에 빈 유르트가 있는데 거기서 먹고 주무시지요." 칸이 말했다.

형제는 유르트에 들어갔다. 칸은 그들에게 고기와 우유로 만든 전통주인 아라크를 대접했다. 그리고 몸종을 보내 형제가 무슨 말을 하는지 엿듣게 했다.

"너희는 칸이 우리를 잘 대접했다고 생각하니? 아니야, 우리가 인사를 나눈 사람은 칸이 아니라 평범한 남자였어." 큰형이 말했다.

"우리에게 아라크를 대접했다고 생각해? 아니야, 우리가 마신 것은 물이야." 둘째가 말했다.

"형들은 우리에게 양고기를 줬다고 생각해? 아니야, 우린 개고기를 먹은 거야." 막내가 말했다.

몸종은 칸에게 그들이 나눈 이야기를 모두 전달했다.

"굶주린 떠돌이 주제에! 죽어 가는 것들을 먹고 마시게 해 주었더니 내 대접을 무시하고 나를 평범한 사람이라고 불러! 그놈들 목을 베야겠다!" 그러나 그러기 전에 혹시 이 형제의 말이 옳은지 먼저 어머니께 가 물어보기로 했다.

"어머니, 저 형제가 저를 칸이 아니라 평범한 사내라고 말합니다. 대체 왜 그렇게 말할까요?"

"원래 칸이었던 내 남편은 타이가에 오랫동안 가 있었단다. 대신 네 아버지는 평범한 사람이었지. 그래서 그 형제가 그렇게 말한 거란다." 어머니가 대답했다.

"그래도 저는 그 형제에게 양고기를 대접했다고요! 그런데 개고기를 먹었다고 말해요. 왜 그럴까요?"

"작년 봄에 양의 젖이 떨어졌단다. 그래서 어린 새끼 양을 개한테 보내 개 젖을 먹게 했지. 이게 바로 개의 젖을 먹고 자란 그 양이란다. 그래서 그 형제가 그렇게 말한 거지."

"그래도 그 사람들은 아라크를 마셨단 말예요! 그런데 물을 마셨다고 해요. 왜 그렇게 말했을까요?"

"형제에게 준 아라크는 겨울에 만들었단다. 그때 사발에 얼음을 놔두었지. 아라크 만들 때 얼음이 아라크에 들어가 버린 거야. 그래서 그렇게 얘기한 거겠지."

칸이 놀라 말했다.

"정말 평범한 사람들이 아니네요. 진실을 볼 수 있는 형제군요."

칸은 삼 형제를 융숭하게 대접하고 거하게 환송했다. 형제는 셋이 말 한 마리를 타고 또다시 스텝으로 여행을 떠났다.

악 살 영감과 두주멧

옛날에 백발과 흰 수염의 악 살 노인이 살고 있었다. 그리고 옆 마을에는 칸의 관리인으로 일하는 마음씨가 고약한 두주멧이 살고 있었다. 두주멧은 사람들을 골려 먹기를 좋아했다. 그는 자기 마을에 오는 모든 사람에게 수수께끼를 내서 맞히지 못하는 사람에게는 묵직한 채찍을 휘둘러 댔다.

"수수께끼를 푸는 사람은 나를 채찍으로 때리시오!" 두주멧이 신이 나서 말했다.

그러나 그 누구도 그의 까다로운 수수께끼를 풀지 못했다. 그래서 늘 채찍으로 맞는 사람들이 넘쳐 났다.

백발의 악 살은 지혜롭고 경험이 많은 노인이었다. 두주멧에게 수없이 당한 평범한 이웃들을 보호하기 위해 악 살은 두주멧에게 복수하기로 마음먹었다. 이웃 마을에 도착한 그는 못된 두주멧의 유르트로 곧장 들어갔다.

"영감, 당신 내 규칙을 정말 모르는 거요? 여기 오는 모든 사람은 내 수수께끼를 풀어야 해요. 맞히면 나를 채찍으로 때리고 못 맞히면 묵직한 채찍 맛 좀 볼 거요!"

"자네 수수께끼를 들어 보지. 난 자네에게 한 수 가르쳐 주려고 왔거든, 이 불한당 같은 놈아!" 백발 영감 악 살이 용감하게 말했다.

"이런 괘씸한 영감 같으니라고! 두고 보자. 저기 저 산 보이지? 산 정상에는 백마를 탄 사람이 있소. 가서 그에게 물어보시오, 언제 어떻게 여기에 왔고 또 언제 어디로 갈 것인지 말이오." 두주멧이 말했다.

"좋아. 모두 알아 오지." 영감이 말했다.

그리고 그는 산으로 갔다. 그러나 산에는 아무도 없었다. 산 정상은 눈으로 덮여 반짝거렸다. 영감은 바위에 앉아 잠시 담배를 피운 후 두주멧의 유르트로 돌아왔다. 어떻게 될지 궁금했던 사람들이 유르트 근처로 모두 모여들었다. 두주멧은 자기가 좋아하는 채찍을 손에 들고 나왔다.

"그래, 말 탄 사람에게 물어봤소?"

"그럼, 물어봤지." 영감이 대답했다.

"그 사람이 당신에게 모두 얘기해 줍디까?" 두주멧이 물었다.

"그럼, 모두 얘기해 줬지." 영감이 대답했다. 두주멧은 깜짝 놀라 작은 목소리로 물었다.

"그가 무슨 말을 했소?"

"백마 탄 사람이 가을에 천상에서 내려왔고 봄이 이승에 찾아오면 떠날 채비를 하고 있다고 말했지." 영감이 말했다.

모두들 그의 지혜로운 답변을 이해할 수 있었다. 그리고 사람들은 두주멧을 향해 발걸음을 돌렸다. 그는 유르트로 황급히 들어가려 했다. 그러자 사람들이 그를 붙잡았다. 영감은 묵직한 채찍을 들어 이 못된 남자를 때리기 시작했다. 그가 놀렸던 모든 불쌍한 사람을 대신해 복수한 것이다.

그로부터 두주멧은 수수께끼 내기를 그만두었다고 한다.

세 가지 재주를 익힌 오스큐스 올

옛날에 말 서른 마리, 소 서른 마리와 염소 서른 마리가 전 재산인 노인이 아들 오스큐스 올과 살고 있었다. 곧 노인은 세상을 떠났다. 이제 오스큐스 올은 완전히 혼자가 된 것이었다. '내겐 형제도 누이도 없다. 기댈 곳 없는 내게 이 많은 가축이 무슨 소용이란 말인가? 차라리 세 종류의 가축을 세 가지 재주로 바꾸는 게 낫겠다'고 그는 생각했다.

오스큐스 올은 가축을 데리고 북쪽으로 떠났다. 곧 세 유르트가 보였다. 그중 한 유르트에 들어갔더니 그곳에서는 사람들이 장기를 두고 있었다.

"어디서 오셨소? 뭘 찾는 게요?"

"저는 남쪽에서 왔습니다. 부모님께서 돌아가시면서 제게 세 종류의 가축을 남기셨고요. 저는 이 가축을 세 가지 재주와 바꾸기로 마음먹었습니다. 제게 장기를 가르쳐 주시면 어르신들께 염소 서른 마리를 드리겠습니다." 오스큐스 올이 말했다.

장기 두던 사람들은 흔쾌히 동의하고 그의 서른 마리 염소를 받는 대신 한 달 동안 그에게 장기를 가르쳐 주었다. 오스큐스 올은 자신을 가르친 스승들보다 장기를 더 잘 두게 되었다. '이제 한 가지 재주는 터득했고. 두 가지만 남았구나'라고 생각한 그는 스승들과 작별 인사를 나누고 가축을 북쪽으로 몰았다.

곧 한 유르트에 도착했다. 그곳에서는 세 사람이 중국 마술을 서로 보여 주고 있었다.

"어디서 오신 게요? 뭘 찾으시나?" 그들이 물었다.

"저는 남쪽에서 왔습니다. 부모님께서 돌아가시고 제게 세 종류의 가축을 남겨 주셨는데요. 그 가축을 세 가지 재주와 바꾸기로 했죠. 장기 두는 재주를 이미 익혔고요. 제게 당신들의 마술을 가르쳐 주십시오. 그러면 소 서른 마리를 드리겠습니다." 오스큐스 올이 말했다.

세 사람은 그의 말에 동의하고 소 서른 마리를 가져간 대신 한 달 동안 마술을 가르쳐 주었다. 오스큐스 올은 마술을 스승보다 더 잘하게 되었다. '두 가지 재주는 이미 익혔다. 이제 한 가지만 남았구나'라고 생각하며 그는 스승들과 작별한 후 말을 다시 북쪽으로 몰았다.

또 새로운 유르트가 보였다. 그 안에서는 세 사람이 앉아 숫자 세기를 하고 있었다. 오스큐스 올은 자기가 염소와 소 대신에 장기 두기와 마술 두 재주를 익혔다고 말했다.

"제게 숫자 세는 법을 가르쳐 주십시오. 그러면 말 스물아홉 마리를 드리겠습니다." 그가 말했다.

사람들은 그의 말을 들어주어 스물아홉 마리 말 대신 한 달 동안 오스큐스 올에게 셈을 가르쳤다. 오스큐스 올은 스승 못지않게 세기를 잘 하게 되었다.

'세 가지 재주를 익혔다. 이제는 마을로 가도 되겠군.' 그러고는 자기에게 남은 유일한 말을 타고 마을로 떠났다.

그곳에서 오스큐스 올은 카라티 칸이 사람 목숨을 걸고 장기를 둔다는 소리를 들었다. 지는 사람은 목숨을 잃고 그를 세 번 이기는 사람은 칸이 된다는 것이다.

오스큐스 올은 '내겐 형제도 누이도 없다. 이 세상에 나 혼자뿐이다. 내가 죽어도 슬퍼할 사람은 아무도 없다. 손해 볼 건 없으니 카라티 칸과 붙어 보자'라고 생각했다.

그는 칸의 마을로부터 멀지 않은 산 고개를 넘는 동안 무수히 많은 사람들의 잘린 머리를 보게 되었다. 머리는 오솔길을 따라 줄지어 서 있는 나무에 끈으로 매달려 있었다. 오스큐스 올이 머리를 세어 보았다. 모두 아흔아홉 개였다. '칸의 머리가 백 번째가 되겠군' 하고 생각하며 계속 걸어갔다.

"어디서 오셨나? 필요하신 게 뭔가, 나그네 양반?" 카라티 칸이 물었다.

"당신과 장기를 두고 싶어서 저 산을 넘어왔습니다. 듣기로는 당신을 이기면 당신의 칸 마을을 준다고 하더이다." 오스큐스 올이 말했다.

"하하하! 저 산에서 왔다면 고개를 넘어올 때 뭘 보지 못했나?" 큰 소리로 칸이 웃었다.

"베인 머리를 엄청 봤죠."

"먼저 가서 머리가 몇 개나 되는 지 세어 보고 난 다음에 장기를 두세." 칸이 말했다.

"벌써 세어 봤습니다. 아흔아홉 개입니다. 당신 머리를 합하면 백 개가 되겠죠."

평범해 보이는 사람이 숫자를 셀 줄 아는 것에 깜짝 놀란 칸은 그와 장기를 두기 시작했다. 그리고 곧 자신이 게임에 지고 있다는 사실에 다시 한 번 놀랐다.

"여보게, 젊은이, 잠시만. 장기는 쉽지 않고 또 오래 하는 게임이지. 그러니 우리 뭐라도 먹고 마시며 하자고. 잠시 쉬며 뭘 좀 먹읍시다." 칸이 말했다.

칸의 부인은 황금 접시 두 개에 음식을 담아 그들에게 가져왔다. 오스큐스 올은 칸 앞에 놓여 있는 음식은 눈을 밝게 해 주며 정신을 맑게 하는 것이고, 자기 앞의 음식은 눈을 어둡게 하며 정신을 흐릿하게 하는 것임을 알아차렸다. 그가 괜히 마술을 배운 것이 아니었다. 칸이 눈을 깜박이는 동안 오스큐스 올은 접시를 바꿔치기했다. 칸은 아무것도 눈치채지 못했다.

음식을 먹고 난 후 장기는 계속되었다. 몇 수를 두자 칸이 지고 말았다.

“한 번은 제가 이겼고 이제 두 번이 남았습니다.” 오스큐스 올이 침착하게 말했다.

칸은 그를 사납게 바라본 후 다시 게임을 시작했다. 오스큐스 올이 유리한 형세를 이어 가자 칸이 퉁명스레 소리쳤다.

“여보, 맛있는 음식 좀 가져와. 힘을 좀 내야겠소.”

다시 그들 앞에는 두 개의 황금 접시가 놓였고 약삭빠른 오스큐스 올은 접시를 또다시 바꿔 놓았다.

음식을 먹고 난 후 그들은 계속 장기를 두었다. 칸의 눈이 흐리게 보이기 시작했다. 그는 어찌할 바를 몰랐다. 그러더니 순식간에 지고 말았다.

“이제 당신을 한 번만 이기면 되는군요.” 오스큐스 올이 말했다.

칸은 겁에 질려 그를 쳐다보았고 그들은 마지막 경기를 시작했다. 첫 수를 두자 칸은 ‘모든 것이 끝장이구나’ 하고 직감했다. 그리고 다시 음식을 가져오라고 명했고 오스큐스 올은 접시를 다시금 맞바꾸었다. 칸이 음식을 먹자마자 그의 눈은 캄캄해졌고 장기 말들은 껑충껑충 뛰어다녔다. 세 번째 수를 두자마자 칸이 또 지고 말았다.

“자, 칸 어른, 세 번 모두 제가 이겼습니다! 고개에는 아흔

아홉 개의 머리가 있었지요. 당신의 머리가 백 번째가 되겠네요!"

"오오, 오스큐스 올, 나를 용서해 주게! 내게 있는 모든 금은보석을 가지게, 또 가축과 하인들 모두 데려가게, 칸도 되고 다만 내 머리만은 베지 말아 주게!" 칸이 애원했다.

"당신보다 먼저 돌아가신 저 아흔아홉 명은 그 조건을 따랐습니다. 그들은 자기 목숨을 내걸고 장기를 두고 졌지요. 이제 당신이 끝날 차례입니다!" 오스큐스 올은 이렇게 말하고 카라티 칸을 고개로 데려갔다. 그는 그곳에서 칸의 목을 베고 더는 그 누구도 이 땅에서 목숨을 걸고 게임을 하지 못하게 했다.

그리고 세 가지 달인이 된 오스큐스 올은 칸 마을을 다스리게 되었다.

오를란 올과 체첸 키스

아주 먼 옛날 칸 마을에 유목민들이 살고 있었다. 유목민 중에는 갑부 울룩, 지주 비체와 두 명의 재판관이 있었다. 재판관들은 지위가 서로 달랐다.

또 이 부족에는 소와 염소를 각각 한 마리씩 가지고 있는 촐벤 영감이 아들 오를란 올[7]과 함께 살고 있었다.

그리고 바가이틱 영감은 유목민 중 가장 아름다운 아가씨인 딸 체첸 키스[8]와 살고 있었다. 너무도 가난한 그들은 가축뿐 아니라 유르트를 지키는 개조차 없었다. 그래서 노인은 매일 타이가에 약초뿌리를 캐러 다녔다. 그의 딸 체첸 키스는 부자들에게 검은 비단으로 만든 긴 망토와 검은 가죽으로 신발을 만드는 제화공이었다. 두 사람은 이것으로 겨우 먹고 살았다.

촐벤 영감과 바가이틱 영감은 자주 만나며 긴 이야기를 나누는 이웃사촌이었다. 그리고 자녀들을 혼인시키기로 한 사이였다.

---

7) '용사', '용감한 젊은이'를 뜻한다.

8) '우아한 아가씨'를 뜻한다.

이 소문은 비체의 귀에까지 들어갔다.

"촐벤 같은 가난뱅이가 아들을 아리따운 처녀와 결혼시킨다는 게 사실이라고? 아니야! 체첸 키스는 내 며느리가 될 거야!"

또 이 소문은 갑부 울룩의 귀에까지 들어갔다.

"아니야, 체첸 키스는 내 아들의 부인이 될 거야. 내겐 비체보다 훨씬 많은 가축과 재산과 금은보화가 있지 않은가! 그리고 내가 두려워서라도 그녀와 맺으면 안 되지. 내일 바가이틱 영감에게 가야겠군."

다음 날 울룩이 부인에게 말했다.

"가난뱅이들한테는 좋은 선물을 할 필요가 없지. 치즈 한 조각이나 가죽으로 싼 아라크 한 병이면 충분하지. 내가 저녁에 체첸 키스를 데려오겠어."

비체 역시 바가이틱에게 갈 채비를 하고 있었다. 그는 염소 다리고기를 삶았고 아라크도 챙겼다.

바로 그 시간 촐벤 영감은 자신이 갖고 있던 마지막 염소를 잡아 조각을 내어 끓였고, 마음씨 좋은 이웃들에게 아라크를 빌려서 바가이틱 영감에게 가져다주었다. 두 사람은 아라크를 마시며 긴 이야기를 나누기 시작했다.

울룩이 도착했다. 곧 비체 역시 도착했다. 둘은 예쁜 아가씨를 자신들의 아들과 혼인시키자고 영감을 설득하기 시작했다.

바가이틱 영감은 어찌할 바를 몰랐다. 부자들의 말을 거절하기도 겁이 났고, 그렇다고 친구에게 상처를 주는 것도 싫었기 때문이었다. 이리저리 우왕좌왕하다 유르트에서 나가기도 하고 또 들어오기도 하고 또다시 나가기를 반복했다. 그러면서 계속 생각에 잠겼다.

체첸 키스가 물었다.

"아버지, 무슨 일 있으세요? 굉장히 정신없어 보이시는데."

"아이고 내 딸아! 내가 아니면 누가 슬퍼하겠느냐! 울룩도 비체도 모두 너를 며느리로 맞이하고 싶다는구나. 그런데 내겐 촐벤이 있잖니. 누구를 거절하고 누구를 승낙해야 할지 도통 모르겠구나."

"참 아버지도, 슬퍼하실 일이 전혀 아닌데요 뭘. 사람들이 가져다준 선물은 모두 받으시고 사흘 후에 답을 주겠다고 하세요."

바가이틱 영감은 유르트로 들어가 딸이 하라는 대로 전했다. 사람들은 선물을 남겨 두고 돌아갔다.

"사흘 후 영감이 내 제안에 찬성할 겁니다. 비체, 당신이 나와 내 재산과 경쟁할 수 있겠소이까!" 울룩이 말했다.

"당신이 아무리 제일가는 부자라도, 영감에게 염소 다리고기를 잔뜩 갖다 준 사람은 바로 납니다. 영감은 내 제안을 받아들일 것이오!" 비체가 말했다.

두 사람은 가는 내내 다투었다.

가난한 촐벤은 불안한 생각을 떨칠 수가 없었다. '내가 저 부자들과 어떻게 싸워야 할까! … 예쁘고 착한 체첸 키스는 정말 저 사람들의 며느리가 될까!' 사흘 후 부자들의 하인들이 답을 들으러 왔다.

"아버지, 저 하인들을 통해 신랑감들이 석 달 후 저희 유르트로 선물을 가지고 오라고 말해 주세요. 제일 좋은 선물을 가져오는 사람이 제 남편이 될 거라고요." 체첸 키스가 아버지에게 말했다.

바가이틱 영감이 하인들에게 자신의 결심을 밝히자, 울룩은 아들에게 은 50란[9]을 주었다.

"상인에게 가서 네 마음에 드는 것을 신붓감의 선물로 사거라."

비체도 아들에게 은 40란을 주었다.

촐벤 영감은 소를 팔아 아들 오를란 올에게 25란을 주었다.

세 청년은 가장 귀한 선물을 사기 위해 시장에 갔다. 얼

---

9) 투바족의 화폐 단위다.

마나 돌아다녔는지 석 달은 금세 다가왔다. 그들은 예쁘게 수놓은 강철 팔륜 마차를 보게 되었다. 마차는 은 50란에 팔고 있었다.

"왜 이리 비싸죠?" 부자 아들들이 물었다.

"이 마차는 말이 없어도 스스로 석 달에 달려갈 거리를 단 사흘 만에 갈 수 있기 때문이죠." 상인이 대답했다.

울룩의 아들이 마차를 샀다.

그다음 그들은 은으로 테두리를 씌운 거울을 발견했다. 거울은 은 40란이었다.

"왜 이리 비싸죠?" 부자 아들들이 물었다.

"이 거울은 원하는 곳이면 이 세상 어느 구석이라도 보여주기 때문이죠." 상인이 대답했다.

비체의 아들이 거울을 샀다.

오를란 올은 가장 좋은 선물은 이미 다 팔려 더 이상 없다고 생각했지만 그래도 계속 찾으러 다녔다. 치료에 효과가 뛰어난 약초를 파는 중국 상인에게 다가갔다. 상인은 크지 않은 나무상자를 갖고 있었다. 그 안에는 까마귀 눈에나 들어갈까 말까 한 아주 작은 가루가 있었다. 나무상자는 25란이었다.

"왜 이리 비싸죠? 안에 들어 있는 게 뭐예요?" 아들이 물었다.

"이 가루에는 아홉 군데 산에서 구한 귀한 약초가 들어 있죠. 약초는 황금 절구로 빻은 다음 아주 촘촘한 체로 걸렀고요. 이 가루는 죽은 지 사흘이 지난 사람도 살려 낸답니다요."

오를란 올은 상자를 샀다. 부자 아들들은 그를 비웃으며 자기들의 선물을 뽐냈다. 비체의 아들이 거울을 흔들며 말했다.

"자, 거울아, 아름다운 체첸 키스가 지금 어디 있는지 보여 줘."

거울은 낡은 유르트를 보여 주었다. 아름다운 체첸 키스는 죽은 듯이 누워 있었다. 그녀 곁에 바가이틱 영감이 앉아 울고 있었다.

부자 아들들이 말했다.

"어서 팔륜마차를 타고 가자. 장례식엔 도착할 수 있을 거야. 저놈은 데려가지 말자."

"저도 데려가 주세요. 제겐 체첸 키스를 살려 낼 약초가 있잖아요." 오를란 올이 간청했다.

부자 아들들이 가루약을 빼앗으려 그에게 달려들었지만 오를란 올은 그들의 허리를 잡아 땅으로 밀쳐 냈다. 울룩의 아들이 말했다.

"알았다, 태워 주마. 대신 마차가 도중에 고장이라도 나면 넌 내 밑에서 50년 동안 일해야 할 거야."

오를란 올이 고개를 끄덕였다. 비체의 아들이 말했다.

"만일 네 가루약이 체첸 키스를 살려 내면 우리 아버지들께서 네게 25란을 주실 거야."

사흘 후 팔륜마차는 마을에 도착했다. 오를란 올은 아홉 산에서 구한 약초 가루를 죽은 체첸 키스의 입에 털어 넣었다. 그러자 그녀는 되살아났다.

이제 울룩, 비체와 촐벤 영감은 아름다운 체첸 키스가 누구의 신부가 되어야 하는가를 가지고 다시 논쟁을 벌이기 시작했다.

"중요한 것은 팔륜마차요. 마차 덕에 모두들 제시간에 도착할 수 있었다니까." 울룩이 말했다.

"아니지, 중요한 건 거울이지요. 그렇지 않았으면 어떻게 체첸 키스가 죽었다는 것을 알 수 있었겠어요?" 비체가 말했다.

의견이 일치하지 않자 그들은 재판관을 찾아갔다. 재판관들이 오랫동안 생각에 잠기자 신임 재판관이 의견을 내놓았다.

"체첸 키스를 부릅시다. 그녀가 직접 영감님들의 다툼을 해결하도록 하지요."

재판관의 제안에 체첸 키스가 말했다.

"저에 대해 다투시는 거라 제가 해결해 드릴 수는 없습니다. 그렇지만 만약 제가 재판관이라면 제일 큰 손해를 본 사람에게 손을 들어 주지 않을까 싶어요."

선임 재판관이 부자들과 영감을 자기 쪽으로 오라고 불렀다.

"당신 아들은 아무 손해도 없었잖소. 지금도 요술 마차는 있으니까요. 그러니 체첸 키스와는 결혼할 수 없죠." 울룩에게 말했다.

"당신 아들도 손해를 안 봤지요. 지금도 요술 거울은 있으니까요. 그러니 역시 체첸 키스와 결혼하면 안 되죠." 이번에는 비체에게 말했다.

"그럼 당신 아들은 아무것도 안 남았겠군요. 약초로 아가씨를 살려 냈으니까요. 당신의 아들이 체첸 키스와 결혼해야겠네요." 재판관이 촐벤에게 말했다.

논쟁은 여기서 끝났다. 모든 유목민이 오를란 올과 체첸 키스의 결혼식에 모였다. 그리고 그들은 행복하고 풍요로운 삶에 만족하며 살았고, 마을 사람들도 편안하고 평화롭고 살았다고 한다.

악 사기슈와 카라 사기슈

악 사기슈와 카라 사기슈 형제가 살고 있었다. 둘이 가진 것이라고는 말이 전부였는데 형 악 사기슈는 백마, 동생 카라 사기슈는 흑마가 있었다.

형제는 자기 말을 타고 부락에 가 마음씨 좋은 사람들이 나눠 주는 것으로 겨우 생활했다.

어느 날 안개가 자욱하게 낀 스텝에서 오랫동안 길을 헤매던 두 형제는 배가 몹시 고팠다.

"형 말이라도 잡아먹자. 그리고 내 말을 함께 타면 되잖아." 카라 사기슈가 형에게 말했다.

"좋아." 악 사기슈가 흔쾌히 찬성했다.

배고픈 형제는 백마의 안장을 재빨리 벗겨 말을 죽인 후 배불리 먹었다. 그런 후 묶여 있던 카라 사기슈의 말을 풀을 뜯게 풀어 주었다. 둘은 안장을 머리맡에 놓고는 잠을 자기 위해 드러누웠다.

카라 사기슈는 악 사기슈가 잠들 때까지 기다린 다음 자기 말을 타고 달아났다.

아침에 악 사기슈가 잠에서 깨자 동생이 보이질 않았다. '아마, 카라 사기슈가 말을 찾으러 갔나 보군.' 아무리 기다려도 오지 않자 그는 직접 찾으러 나섰다. 그러나 말도 동생도 찾을 수 없었다.

매우 상심했지만 할 수 있는 것이 아무것도 없자 악 사기슈는 목적지 없이 혼자 어슬렁거리며 돌아다녔다.

걷고 걷다 보니 카라 숙 강 상류까지 올라가게 되었다.

그가 앞을 보니 말의 머리와 등딱지로 만든 춤이 있었다. 악 사기슈가 춤을 슬쩍 엿보니 안에는 아무도 없었다. 그는 안으로 들어가 간이침대 밑으로 기어가 누구라도 올까 기다리고 있었다.

저녁이 되자 춤으로 곰, 늑대, 여우와 멧돼지가 들어왔다.

"난 오늘 운이 좋았어. 호두를 실컷 먹었거든. 애들아, 너희는 어떻게 지냈니?"

"난 은색 막대기로 배불리 먹을 수 있는 야생 메뚜기를 발견했지." 멧돼지가 자랑했다.

"너 막대기 조심해, 그럴 리는 없겠지만, 누가 훔쳐 갈 수도 있잖아." 곰이 멧돼지에게 말했다.

"훔쳐 가지 않아, 내가 아무도 발견하지 못하도록 바로 춤 근처 통나무 아래에 감춰 놓거든." 멧돼지가 대답했다.

그러자 이번에는 여우가 뽐내며 말했다.

"나도 운수가 대통인 하루였어. 땅다람쥐를 엄청 잡았거든.”

“나도 너희 못지않지. 카라티 칸의 잔치에 갔거든. 그런데 물이 어디론가 사라져 사람들이랑 가축들이 목이 말라 죽어 가더라고.”

“그럼 물을 어떻게 찾아?” 여우가 물었다.

“난 알지. 암소만 한 큰 돌이 카라티 칸의 샘을 막아 버렸거든. 돌을 산 밑으로 밀어낼 수 있는 건 내 은색 막대기뿐이야.”

“아무리 문이 닫혀 있어도 너무 많은 말은 안 하는 게 좋아.” 곰이 그의 말을 끊었다.

동물들은 이야기를 조금 더 나눈 뒤 잠이 들었다. 악 사기슈는 춤에서 살금살금 빠져나와 은색 막대기를 찾은 후 카라티 칸의 마을로 갔다.

악 사기슈가 칸의 유르트로 곧장 들어가자 하인들이 그에게 버터유를 주고는 유르트에서 쫓아내려 했다.

“저를 내쫓지 마세요, 당신들의 재앙을 해결해 드리고 싶습니다.” 악 사기슈가 말했다.

이 소리를 들은 칸이 말했다.

“그렇다면, 한번 해 보게. 물이 나오면 가축을 구할 수 있으니 네게 상을 내리겠다. 네게 내 딸을 주고 내 가축의 일부와 또 재산도 나눠 주겠다. 하지만 성공하지 못하면 네 목숨을 내놓아라."

"좋습니다." 악 사기슈가 그의 말에 고개를 끄덕이고 샘으로 갔다.

악 사기슈가 거대한 돌 밑에 은색 막대기를 받쳐 놓자 돌이 쉽게 빠졌으며 그는 돌을 산 밑으로 밀어냈다.

그러자 샘물이 졸졸 소리를 내며 주위로 넓게 넘쳐흘렀다.

가축들은 서로 발을 밟고 밀치며 물가로 황급히 달려들었다.

카라티 칸은 자신의 딸을 그에게 주고 가축과 재산을 나눠 주기로 한 약속을 지켰다.

그러던 어느 날 오랜 방랑을 마치고 굶주림에 지친 카라 사기슈가 형이 사는 마을에 오게 되었다. 형을 보자 그는 크게 놀랐다. 형은 기뻐하며 동생을 맞이했다.

"이렇게 부자가 되다니 어떻게 된 일이야?" 카라 사기슈가 부러운 듯 물었다.

악 사기슈는 동생에게 그동안 있었던 모든 일을 이야기해 주었다. 카라 사기슈의 눈은 질투심으로 가득 찼다. '내가 형보다 뭐가 부족하다고? 나 역시 부자가 될 수 있지.' 그러곤 동물들의 춤을 찾아 달려갔다. 춤을 찾자 간이침대 밑에 몸을 숨겼다.

저녁이 되자 곰, 늑대, 여우와 멧돼지가 춤으로 들어왔다.

"애들아, 오늘 하루 어떻게 보냈는지 얘기 좀 해 봐?" 곰이 물었다.

"누가 내 은색 막대기를 훔쳐 간 건 알고 있지? 내 손에 잡히기만 하면 가만두지 않을 테야. 오늘도 하루 종일 겨우 메뚜기 한 마리밖에 못 찾았거든. 내 배는 완전히 텅 비었어." 멧돼지가 말했다.

그러자 여우도 불만을 털어놓았다.

"나도 오늘 배가 고파. 하루 종일 생쥐 한 마리밖에 못 먹었어."

"난 오늘 먹다 남은 뼈다귀 말고는 아무것도 먹지 못했어. 카라티 칸 부락은 이제 물도 많아져서 가축들이 모두 건강하더라고. 누군가 우리 말을 엿듣고 물을 내준 게 틀림없어. 내 손에 잡히기만 하면 물어뜯어 버릴 거야." 늑대가 포악스럽게 으르렁거리며 말했다.

모두의 얘기를 듣기만 하고 곰은 여전히 혼자 침묵을 지켰다. 다른 동물들이 그에게 계속 묻자 입을 떼었다.

"나도 오늘 재수가 없는 날이었어. 나무 꼭대기에 있는 솔방울이 달린 호두 한 알밖에 손에 넣은 게 없어. 내가 어렵게 꼭대기까지 올라갔더니 강한 바람이 불어 호두나무에서 떨어졌지 뭐야. 솔방울도 못 찾고 옆구리만 다친 거야. 그래서 온몸이 다 아파!" 곰이 마지못해 말을 꺼냈지만, 흥분을 참지 못하고 간이침대를 내리치자 나무판자가 흔들거렸다.

그러자 깜짝 놀란 카라 사기슈가 간이침대 밑에서 튀어나왔다. 배고픈 동물들은 그를 잡아 물어뜯으려 했다. 그때 총소리가 들려왔다. 악 사기슈가 행방불명이 된 동생을 찾으러 달려온 것이었다.

동물들은 겁에 질려 뿔뿔이 흩어졌다.

죽음의 공포에서 겨우 벗어난 카라 사기슈는 땅바닥에 입을 벌린 채 앉아 있었다.

"남의 것은 절대 부러워하지도 욕심을 부리지도 마라, 동생아." 악 사기슈가 그에게 말했다.

타이가 노래를 부른 오스큐스 올

카라기르 카란기타 산비탈에 일흔 살 할아버지 첼렌데이가 예순 살 할머니와 가축도 자식도 없이 살고 있었다.

그러던 어느 날 할머니가 아들을 낳았는데, 출산한 지 두 달 만에 할머니는 세상을 떠났다. 설상가상으로 여섯 달 후에는 할아버지까지 돌아가셔서 어린아이는 요람에 혼자 남게 되었다. '내겐 젖을 줄 엄마도 안아 줄 아빠도 없구나.' 아이는 요람에서 기어 나온 후 춤 밖으로 나왔다. 그곳에는 이백 미터 가까이 되는 긴 올가미에 묶여 있는 말 악 사르가 있었다. 아이는 말에게 다가가 물었다.

"우리 엄마와 아빠는 어디에 간 거니?"

"돌아가셨어. 이제 너 스스로 자라고 스스로 배워야 해. 내 꼬리에서 털 몇 개를 뽑아 새끼를 꼬고 매듭을 만들어 봐. 저기 저 굴에는 잉잉거리며 숨어 있는 새끼 짐승들이 있어. 넌 이 매듭으로 그놈들을 잡아야 해. 고기는 구워 먹고 가죽으로는 이디키를 만들어 신어. 그리고 춤 안의 부싯돌을 찾아서 불을 지피고. 이제 나는 보내 줘. 자유롭게 풀을 뜯어야 하거든. 잘 모르겠거든 다시 와서 물어." 말이 대답했다.

아이는 털로 매듭을 만들어 쥐와 다람쥐를 잡았다. 그는 고기를 먹으며 하루가 다르게 성장했다. 어느 날 말에게 가서 물었다.

"빙글빙글 뛰어다니는 흰 동물이 뭐지? 잡아먹어도 되는 거야?"

"그건 토끼야. 토끼고기는 맛이 좋아. 특히 육수는 아주 기름지지." 악 사르가 대답했다.

"그러면 어떻게 죽이지?" 소년이 물었다.

"화살로 죽이지. 네 아버지의 활과 화살이 있을 거야. 잘 찾아봐."

소년은 활과 화살을 찾아 토끼를 잡기 시작했다. 그는 토끼고기를 먹으며 더 빠르게 쑥쑥 자랐다. 다시 말에게 갔다.

"긴 다리와 흰 꼬리를 갖고 있고 끙끙거리며 우는 동물은 누구야?"

"그건 암사슴이야. 사슴고기는 진짜 맛있어. 잡도록 애써 봐."

소년은 암사슴을 잡기 시작했다. 마침내 그는 강인하고 인내심 많은 진정한 사냥꾼이 되었다. 자기에게 남겨진 부모의 옷을 입고 악 사르를 타고 사냥을 했으며 온 타이가, 산비탈과 고개를 돌아다녔다.

한편 카라기르 카란기타 산기슭에는 바이 칸이 일곱 아들과 일곱 딸과 함께 살고 있었다. 일곱 아들은 타이가에서 사냥했고 일곱 딸은 열매와 호두를 줍곤 했다.

어느 날 칸의 일곱 아들이 하인들과 함께 사냥을 하러 카라기르 카란기타 산비탈에 갔다. 그러나 아무리 돌아다녀도 짐승을 잡을 수가 없었다. 그들이 조준할 때마다 황갈색 말을 탄 재빠르고 날쌔면서도 활 솜씨가 아주 뛰어난 궁수가 나타나 그들보다 앞서 나갔기 때문이었다. 그들은 궁수에게 다가가 물었다.

"당신은 뭐 하는 사람이고, 이름은 뭐요? 또 사는 부락은 어딥니까?"

"나는 오스큐스 올이오. 카라기르 카란기타 산비탈에 살고 있소. 그러는 당신들은 누구시오?"

"우리는 이 타이가 산기슭에 살고 있는 바이 칸의 아들들이오. 여기서 사냥한 지 오래되었지만 오늘은 이상하게도 짐승을 잡을 수가 없소." 형제가 대답했다.

"사냥꾼의 목표는 한 가지죠. 함께 사냥합시다." 오스큐스 올이 제안했다.

그들은 하루 종일 함께 사냥감을 찾아다녔다. 오스큐스 올이 암사슴과 큰사슴을 화살로 쏘았고 잡은 포획물은 그들에게 주었다.

바이 칸은 아들들이 잡아온 암사슴과 큰사슴을 보고 놀라며 크게 칭찬해 주었다.

어느 날 칸의 일곱 딸이 하녀들과 함께 열매와 호두를 주우러 숲에 갔다. 숲속에서 부드러운 목소리가 들렸다. 누군가가 이길[10]을 연주하며 호오메이 창법[11]으로 노래를 부르고 있었다. 노래가 얼마나 아름다웠던지 처녀들은 열매 줍는 일은 까맣게 잊은 채 그 소리를 따라갔다. 드디어 풀밭에 앉아 있는 멋진 청년을 발견했다. 나란히 황갈색 말이 풀을 뜯고 있었다.

"당신은 누구시고, 이름은 무엇입니까? 또 사는 부락은 어딥니까?"

"나는 오스큐스 올이오. 카라기르 카란기타 산비탈에 살고 있소. 그러는 당신들은 누구시오?"

"우리는 이 타이가 산기슭에 살고 있는 바이 칸의 딸들입니다. 열매와 호두를 주우러 왔지요."

처녀들은 오스큐스 올에게 계속 이길을 연주하며 노래를 불러 달라고 부탁했다. 그는 노래를 부르고 열매와 호두 줍는 것을 도와주었다.

---

10) 말 털로 만든 투바족의 2현 악기다.

11) 투바족과 일부 투르크 민족의 독특한 창법으로, 목을 이용해 두 가지 음을 소리 낸다. 가수가 톤이 낮은 기본음과 톤이 높은 또 다른 소리, 두 소리를 동시에 내어 하나의 멜로디를 노래하는 방식이다.

칸의 아들들이 타이가 산비탈에 오면 오스큐스 올은 그들 대신 사냥을 해 주었다. 또 칸의 딸들이 산비탈에 오면 오스큐스 올은 그들을 대신하여 열매를 주웠고 호오메이 창법의 노래를 불러 주곤 했다.

곧 산비탈에는 칸의 목동과 하인들까지 오기 시작했다. 모두들 스텝의 새소리, 오래된 호두나무 꼭대기에서 윙윙거리는 숲의 바람 소리가 함께 들리는 신비한 노래를 듣고자 했다.

어느 날 칸은 '대체 아침만 되면 아이, 목들, 하인 할 것 없이 카라기르 카란기타로 내빼는 이유가 뭘까? 또 저녁이 되어서야 돌아오고. 거기서 대체 뭘 하는 거지?'라고 생각했다. 그리고 모두에게 캐묻기 시작했다.

"저희는 타이가의 노래를 부르는 오스큐스 올의 노래를 듣습니다요." 목동들이 대답했다.

"타이가의 노래를 부르는 오스큐스 올의 노래를 들어요. 오스큐스 올이 주운 열매와 호두를 가져오고요." 딸들이 대답했다.

"저희는 오스큐스 올이 잡은 짐승의 고기와 가죽을 가져옵니다." 아들들이 대답했다.

칸은 '예전에 타이가 산비탈에 영감과 할멈이 살고 있었지. 그리고 악 사르라는 말이 있었고. 영감이 일흔 살, 할멈이 예순 살이었을 때 아들이 태어났었는데. 두 달 후 할멈이 죽고 또 여섯 달이 지나자 영감도 죽었지. 정말로 오스큐스 올이 살아 있다는 건가? 어떻게 살아남았을까? … 그리고 이제는 사냥도 제일 잘하고 타이가 노래도 제일 잘 부르다니!' 라고 생각하자 불현듯 시샘에 사로잡혔다.

"이놈의 오스큐스 올이 적당히 연주하고 그럭저럭 노래하게 만들면 되겠지. 오스큐스를 여기로 데려오너라." 그가 명령을 내렸다.

하인들은 오스큐스 올에게 달려갔다.

"바이 칸이 자네를 데려오라고 명하셨네."

"칸이 부르면 우리 같은 사람은 안 갈 수가 없죠." 이렇게 대답하고 오스큐스 올은 악 사르를 타고 칸에게 갔다.

"안녕하십니까, 칸 어른, 안녕하십니까, 칸 부인!"

"자네는 누구고, 이름은 무엇이며, 또 사는 부락은 어딘가?"

"저는 오스큐스 올입니다. 사는 곳은 카라기르 카란기타 산비탈입니다."

"이길을 잘 연주하는가? 노래는 어떻게 부르고? 우리가 좀 들어 보고 싶은데." 칸이 말했다.

"저는 제가 원할 때 연주하고 부르고 싶을 때 노래합니다."

"지금 연주하고 노래해 보거라." 얼마나 진심 어린 노래를 듣게 될지 생각하지 못한 칸이 부탁했다.

오스큐스 올이 노래를 부르기 시작했다. 그의 목에서 카라기르 카란기타의 새소리가 터져 나왔다. 마치 스텝의 바람이 오래된 호두나무 꼭대기에서 윙윙거리는 것 같았다. 유목지 위에서 빙글빙글 날고 있던 까치와 까마귀가 잠잠해졌다. 여자들은 울고 남자들은 미동도 없이 듣고 있었다. 칸과 칸의 부인은 마치 꿈을 꾸는 것만 같았다. 삼십 일이 지나고 육십 일도 지나 구십 일 동안 오스큐스 올의 노래는 타이가에 울려 퍼졌다!

그의 노래는 다른 모든 부족을 모여들게 만들었다.

마침내 칸이 입을 열었다.

"나의 제일 예쁜 막내딸을 오스큐스 올에게 주겠노라! 다음 달 초, 좋은 날에 혼인을 올리자."

그는 딸을 위해 흰 유르트를 지어 주고 흰 가축과 재산 일부를 떼어 그들에게 주었다.

사람들은 구십 일 동안 잔치로 흥겨운 시간을 보냈다. 또한 그들은 구십 일 동안 오스큐스 올의 목소리에 흠뻑 빠져 있었다.

그 후 오스큐스 올은 부인, 가축과 유르트를 가지고 자신의 부모님들이 살던 곳, 카라기르 카란기타 산비탈에 살았다. 그는 가축을 돌보며 타이가의 노래를 불렀고, 바람은 그의 목소리를 고개를 넘어 우리 땅의 온 산과 골짜기에 실어다 주었다.

오스큐스 올이 아름다운 부인과 사는 동안 골짜기는 더욱 길어지고 계곡은 더욱 깊어졌다고 한다.

고양이 선생

한 떠돌이 라마승이 있었다. 그는 이 부락 저 부락을 돌아다니며 기도해 주고 몽매한 사람들이 주는 돈으로 생활했다. 세상을 떠도는 것이 지겨워진 그는 카라 숙 강가에 라마승의 수도원을 짓기로 결심했다. '내가 신자들에게 갈 게 아니라 사람들이 나를 찾아오게 만들어야겠다.' 사람들이 직접 그에게 돈과 선물을 가지고 찾아오자 그는 예전보다 훨씬 더 편해지고 부유해졌다. 그러자 그는 기도만 마치면 배불리 먹고 옆으로 누워 잠만 자는 것이었다.

만사형통했던 라마승에게 드디어 재앙이 닥쳤다. 지하실의 쥐들이 왕성하게 새끼를 쳐 수가 많아지니 저장한 곡식을 습격할 뿐 아니라, 닥치는 대로 갉아먹고 망가뜨렸다. 마침내 기도서마저 갉아 버렸다. '아이고! 이래서는 안 되겠다. 이러다가 저놈의 쥐새끼들이 내 코에까지 미치겠군.' 생각한 끝에 그는 자기를 도울 고양이를 데려오기로 마음먹었다. 라마승은 쥐 떼를 회의에 소집해 고양이를 가리키며 소개했다.

"이 분은 내 조력자이며 너희의 스승이다. 고양이 선생은 밤마다 너희에게 기도서를 읽어 줄 것이다. 그러니 그의 말을 잘 따르라, 그렇지 않으면 하늘의 벌이 너희에게 미칠 것이야."

겁먹은 쥐들은 고양이에게 복종하기로 했다. 매일 저녁 고양이의 독방에 모였다. 고양이는 야옹거리며 쥐들을 감시하면서 이웃을 향한 따뜻함과 사랑에 대한 경전을 읽어 주었다. 그러나 기도를 마치고 쥐들이 굴로 돌아갈 때면 고양이는 방에서 제일 마지막에 나가는 쥐를 잡았다. 맛난 쥐를 먹은 후 고양이는 라마승 무릎에 올라앉았고, 서로에게 흡족해하는 둘은 코를 골며 잠에 빠져들었다.

하루 이틀이 지나자 쥐들은 자기들이 점점 줄어들고 있다는 것을 알게 되었다. 그리고 함께 토의하기로 했다.

"무슨 일 있는 거지, 애들아? 고양이 선생이 나타난 뒤로 우리 식구들이 줄어들기 시작했어. 무슨 이유일까?" 회색 쥐가 물었다.

"고양이한테 있겠지. 내가 지켜보니 고양이는 우리를 탐욕스럽게 쳐다보며 입맛을 다시곤 했거든." 검은 쥐가 자신 있게 대답했다.

"말도 안 돼! 그렇게 박식하고 예의바르며 우리 모두를 사랑해 주는 고양이인데. 나는 고양이 선생이 우리를 잡아먹는다고 생각하지 않아!" 회색 쥐가 반박하며 말했다.

논쟁이 점점 격해졌다. 결국 쥐들은 고양이 선생이 어디에 가고 무엇을 하는지 알아내기 위해 라마승의 방울을 꼬리에 달아 주기로 했다. 그리고 얘기한 대로 실행에 옮겼다. 고양이 선생이 쥐들에게 기도문을 읊어 주고 며칠이 지난 어느 저녁 검은 쥐, 회색 쥐 두 마리는 고양이 뒤로 몰래 다가가 꼬리에 방울을 매달았다.

고양이가 기도를 마치고 쥐들을 굴로 내보냈다. 회색 쥐를 남겨 두고 모든 쥐는 문으로 나갔지만 예전처럼 집으로 서둘러 가지는 않았다. 문에서 잠시 떨어져 기다려 보기로 했다. 회색 쥐가 제일 마지막으로 나가고 있었다. 천천히 발을 떼며 주위를 둘러보다 아양 떨듯 고양이를 바라보았다. 고양이는 잠시 생각한 뒤 두 번 폴짝 뛰어 따라잡더니 쥐의 등을 낚아챘다. 회색 쥐가 찍찍 울었지만 이미 늦은 것이다!

다른 쥐들이 방울 소리를 따라 문으로 달려간 후 문틈 사이로 안을 들여다보았다. 고양이가 회색 쥐를 가지고 놀다 게걸스럽게 먹어 치우는 것이 보였다. 고양이는 입맛을 다시며 기분 좋은 소리를 냈다. 그런 후 자기 꼬리에 달려 있는 방울을 잡기 위해 꼬리를 쫓아다녔다.

"내가 얘기했지? 자, 너희 이제 우리 선생님이 얼마나 온화한 분이고 이웃을 얼마나 사랑하는지 확인했겠지. 선생이 아니라 우릴 잡아먹는 사악한 고양이잖아. 여기서 빨리 도망치지 않으면 우리 모두 잡아먹힐 거야."

쥐들은 사방으로 흩어져 달아났으며 그때부터 고양이를 무서워하게 되었다고 한다.

토끼가 양을 구한 이야기

회색 양이 새끼 양 두 마리와 살고 있었다. 어느 날 어미 양은 새끼 양을 데리고 보그도 부르칸[12]에게 다녀오기로 했다.

양 가족이 스텝을 지나던 도중 늑대와 맞닥뜨렸다.

"너와 네 새끼 양을 지금 잡아먹어야겠다!"

"아아, 늑대님, 잠깐만 기다려 주세요. 보그도 부르칸에게 기도라도 하고 오면 안 될까요? 그러니 돌아오는 길에 저를 잡아먹으세요."

"좋다, 그렇게 하지. 돌아올 때 너를 잡아먹지. 하지만 부르칸에겐 너 혼자 가야겠다, 새끼 양들은 여기 남겨 둬! 만일 사흘이 지나도 돌아오지 않으면 새끼들을 잡아먹겠어!"

어미 양은 방법이 달리 없었다. 새끼 양을 놔두고 갈 수밖에.

드디어 사흘이 지나자 어미 양은 아주 참담한 얼굴로 되돌아오고 있었다. 어떻게 하면 새끼 양을 구할 수 있을까 생각해 보아도 아무것도 떠오르지 않았다. 그러다 길에서 토

---

12) 성인(聖人) 중 한 명이다.

끼를 만났다.

“양 아줌마, 왜 그리 슬퍼 보여요? 어디 갔다 오시는 거예요?” 토끼가 물었다.

“보그도 부르칸에게 기도하러 가다가 늑대를 만났지 뭐니. 우리를 잡아먹고 싶어 안달이었지. 그러면서 내가 기도하러 다녀오는 동안 새끼 양은 남겨 두라고 하고는 내가 사흘이 지나도 안 돌아오면 애들을 잡아먹겠다고 했어. 벌써 사흘이 지났는데 어찌해야 할지 몰라 내가 이렇게 슬프단다.”

“아줌마랑 저랑 늑대를 감쪽같이 속여 줍시다.”

“어떻게 속이지?”

“가서 글씨가 적혀 있는 종이 좀 찾아오세요.”

어미 양은 조금 전에 머물렀던 부락에 가서 한자가 쓰여 있는 얼룩덜룩한 차 봉지를 발견하고는 기뻐하며 돌아왔다.

“자 그럼, 이 종이를 뿔에 쓰시고 보그도 부르칸의 서신을 가져왔다고 늑대에게 말하세요. 늑대에게 “먼저 서신을 읽고 그다음 나를 잡아먹어라!”라고 말하세요.”

양은 늑대에게 달려가 크게 소리쳤다.

“내가 보그도 부르칸의 칙서를 가져왔어요! 늑대님, 먼저 이걸 읽은 다음에 나를 잡아먹어요!”

늑대가 종이를 받아들고 이리저리 살펴보았지만, 글씨가

적혀 있긴 하지만 도무지 읽을 수가 없었다. 늑대가 토끼를 쳐다보며 도움을 청했다.

"어이, 토끼 친구, 여기 좀 와서 뭐라고 쓰여 있는지 읽어 줘! 그런 다음 너랑 나랑 이 양을 같이 잡아먹자!" 늑대가 말했다.

토끼가 종이를 들고 읽는 척하며 종이를 한 번, 늑대를 한 번 번갈아 보고는 말을 더듬으며 읽었다.

"명령서. 늑대 가죽으로 코트를 만들 것. 여우의 가죽으로 털모자를 만들 것…." 늑대가 이 말을 듣자마자 쏜살같이 도망쳤다.

토끼는 깔깔 웃었다.

어미 양과 새끼 양은 욕심 많은 늑대로부터 화를 면하게 되었다. 양들은 아주 오래 살아서 덕분에 스텝에는 양의 식구가 많이 늘었다고 한다.

흰 토끼

자식도 가축도 없는 노인 묘게 사릭이 살고 있었다. 그는 집집마다 돌아다니며 사람들이 주는 것으로 연명하며 살고 있었다.

어느 날 그는 두 갈래 길이 만나는 지점에서 큰 가죽 자루를 발견했다. '와, 내가 길에서 횡재를 했구나!'라고 기뻐하며 곧바로 자루를 풀어 보았다.

그러자 그곳에서 굶주린 회색 늑대가 이빨을 드러내며 튀어나왔다. 그러곤 으르렁대며 말했다.

"지금 널 잡아먹겠다! 살 한 점, 피 한 방울도 남기지 않고 다 먹고 핥아 주마!"

노인은 너무 놀란 나머지 아무런 저항도 못 하고 혼자 중얼거렸다.

"잠깐 기다려… 서두르지 말고… 잡아먹더라도 저녁에 해라."

늑대도 '저녁까지 기다려도 괜찮겠지. 먹잇감이 어디로 도망가진 않을 테니까'라고 태양을 바라보며 생각했다. 노인이 말했다.

"그런데 내가 널 구해 줬는데 네가 날 잡아먹으려 하다니. 이건 옳지 않아. 지나가는 동물에게 우리의 잘잘못을 물어봐야겠다."

둘은 길을 걸어가다 곧 거대한 수소를 만났다. 노인이 말했다.

"이 늑대가 자루에 갇혀 있었지. 내가 구해 줬고. 수소야, 네가 말 좀 해 주렴, 늑대가 날 잡아먹어야겠니?"

수소는 오랜 생각 끝에 말을 꺼냈다.

"당신들의 논쟁을 제가 해결해 드릴 수 없겠어요. 제가 영감님이 늑대를 어떻게 구해 줬는지 잘 모르겠거든요. 저 대신 숲속에 사는 흰 토끼한테 가시면 걔가 문제를 해결해 줄 거예요. 걔한테 가 보세요."

노인과 늑대는 숲으로 갔다. 그러나 토끼는 그곳에 보이지 않았다. 늑대는 노인을 잡아먹고 싶어 입맛을 다시고 있었다. 그때 멀리서 토끼 모습이 아른거렸다.

"야, 토끼야! 잠깐 기다려! 도망가지 말고! 우리 문제 좀 해결해 줘!" 노인이 소리쳤다.

토끼가 그들에게 다가오더니 물었다.

"무슨 문제요?"

"내가 길을 가고 있다가 자루를 발견했지. 묶여 있는 자루를 풀어 보니 거기서 늑대가 튀어나온 거야! 바로 내가 늑대를 구해 준 거지, 그런데 이젠 나를 잡아먹고 싶어 하는구나.” 노인이 말했다.

“그럼, 먹고 싶고말고!” 늑대가 다시 한 번 확인시키듯 말했다. 토끼가 말했다.

“저는 공정한 토끼니까 먼저 문제가 생긴 곳에 가서 영감님이 어떻게 늑대를 구해 주셨는지 봐야겠어요.”

셋이 갈림길에 도착했다.

“보여 주세요, 영감님, 자루가 어디 있었는지요.” 토끼가 부탁했다.

“자루는 바로 여기 있었지.” 노인이 보여 주었다.

“자루를 이곳에 내려놓으세요.” 토끼가 말했고 노인은 내려놓았다.

“그럼, 늑대야, 너는 자루 속에 어떻게 있었는지 보여 줘.” 토끼가 말했다.

늑대는 자루에 들어갔다.

“자루가 묶여 있었나요?” 토끼가 물었다.

“그럼, 묶여 있었지.” 노인이 대답했다.

“어떻게 묶여 있었죠? 보여 주세요!” 토끼가 또다시 요구했다.

노인이 자루를 묶었다.

“자, 이제 모두 끝났네요. 당신들의 문제가 해결됐습니다. 영감님은 이제 가던 길을 계속 가시고 늑대는 자루에 있게 놔두세요. 안녕히 계세요!"

그리고 토끼는 구불구불한 숲에 발자국을 남기며 뛰어갔다. 노인 역시 가던 길을 가기 시작했다.

용감한 염소

어느 한적한 숲 속에 염소 한 마리가 느릅나무로 만든 춤에서 살고 있었다. 어느 날 떠돌이 늑대가 춤으로 들어와 물었다.

"네 머리에 하얗게 번쩍이는 게 뭐니?"

"이건 내가 늑대나 곰을 잡는 칼이야."

"그럼 네 입 주위에 매달려 있는 회색 털은 뭐야?"

"이건 내가 늑대나 곰을 잡아먹고 난 다음 닦는 수건이야." 염소는 대답하자마자 "매애, 매애!" 소리를 내며 느릅나무 춤을 뿔로 들이받았고, 춤이 조각조각 부서졌다. 염소가 다시 한 번 "매애, 매애!" 소리를 지르더니 이번에는 암석을 들이받았다.

염소의 힘에 깜짝 놀란 늑대는 도망치기 시작했다. 달려가다 곰을 만났다. 그러자 곰이 물었다.

"무서워하는 게 없는 네가 대체 누구 때문에 그리 놀란 거야? 한 번도 뒷걸음쳐 본 적 없는 네가 누구한테서 도망친 거냐고?"

"염소 때문에 너무 놀랐거든요." 늑대가 대답했다.

"야, 너 엄청 겁쟁이였구나! 염소를 잡아먹었어야지! 같이 가 보자."

"안 갈래요, 곰 할아버지, 저 무서워요."

"겁내지 마라, 내가 널 이렇게 끈으로 묶어 놓으면 항상 같이 있다는 생각이 들 거야."

곰은 끈의 한쪽 끝을 늑대의 목에 묶었고 다른 끝은 자기 목에 묶었다. 그리고 함께 염소에게 갔다.

"네 머리에 하얗게 번쩍이는 게 뭐냐?" 곰이 물었다.

"이건 내가 곰이나 늑대를 잡는 칼이에요."

"그럼 네 입 주위에 매달려 있는 건 뭐지?"

"이건 곰이나 늑대를 잡아먹고 난 다음 닦는 수건이에요."

그리고 "매애, 매애!" 소리를 지르며 암석을 들이받았다. 곰은 깜짝 놀라 도망쳤다. 도망치며 몇 번이고 반복하며 말했다.

"무서운 염소가 "매애, 매애!" 소리치네. 무서운 염소가 "매애, 매애!" 소리치네." 그러면서 늑대를 끌어당겼다.

"곰 할아버지, 숨 막혀요!" 늑대가 소리쳤다.

"숨 막혀도 어쩔 수 없어, 그냥 숨 막혀 버리든지!" 곰이 대답했다.

"할아버지, 저 죽겠어요!" 늑대가 소리를 질렀다.

"죽어, 그냥 죽어!" 곰이 대답했다. 그러면서 더 빨리 달렸다.

"매애, 매애!" 염소는 소리치며 계속 뒤쫓았다.

곰도 힘에 부치기 시작했다. 뒤돌아보니 그가 죽은 늑대를 끌고 달리는 게 아닌가. 곰은 끈을 이빨로 끊고 더 빨리 도망쳤다.

염소는 뛰어가다 죽은 늑대를 발견하고는 어깨에 메고 가다 어느 느릅나무 춤에 도착했다. 늑대를 입구에 던져 놓고 자신은 춤으로 들어갔다. 집에는 일곱 마리 늑대가 있었다. 한 마리가 상자 모양의 악기인 차다간을 연주하고 있었고 나머지 늑대는 연주를 듣고 있었다. 염소를 보자 늑대들은 노래를 불렀다.

오늘은 먹을 게 있는데! 그럼 내일은 뭘 먹게 될까?

그럼에도 염소가 당황하지 않고 말했다.

"내가 연주하게 줘 봐!"

늑대들은 이상하게 여기며 차가단을 건네주었다. 염소가 노래를 부르기 시작했다.

검은 춤 안에는 일곱 마리 늑대가 있지. 여덟 번째, 죽은
늑대는 집 입구에 있고! 가죽 외투를 만들려고 너희를 찾

고 있었는데. 야아, 너무 좋다!

늑대들은 깜짝 놀라 조용히 한 마리에게 말했다.

"가서, 입구에 뭐가 있는지 좀 보고 와."

한 마리가 보러 나갔지만 돌아오지 않았다. 두 번째 늑대를 보냈지만 두 번째 늑대도 돌아오지 않았다. 늑대들은 순서대로 나갔지만 아무도 돌아오지 않았다. 마지막 두 마리는 함께 뛰어나가 죽은 늑대를 보고는 꽁무니가 빠지게 도망갔다. 염소가 뒤에서 소리쳤다.

"이 몹쓸 놈들아, 내가 너희 모두를 들이받아서, 내 외투로 만들어 버릴 테다! 매애, 매애!"

늑대들은 얼음 위를 달려갔다. 염소가 미끄러져 멈추자 또다시 뒤에서 소리쳤다.

"야, 이 미끄러운 얼음만 아니었다면 내가 네놈들을 혼내줬을 거야. 내 뿔로 모두 들이받아서 말이야!"

오스큐스 올과 딜기젝

수트 홀 호수가 아직 작은 웅덩이였고 숨베르 울라 산이 아직 작은 언덕이었던 아주 오랜 옛날이었다.

부모님이 돌아가셔서 고아인 가난한 목동 오스큐스 올이 살고 있었다. 그는 더우나 추우나 사람의 키를 넘길 만큼 많은 재산과 수를 셀 수도 없을 만큼의 가축을 소유한 카라트 칸의 양들을 돌보며 지냈다. 여름에는 버터유를 마시고 겨울에는 칸이 먹다 남은 음식을 먹었다. 그의 눈에는 눈물이 마르지 않았고 가슴에는 슬픔이 떠나질 않았다. 가난한 오스큐스 올은 이렇듯 힘겹게 살고 있었다! 그러던 어느 날 어린 양이 돌에 부딪혀 다리가 부러진 사건이 발생했다.

'카라티 칸이 날 죽이려 할 거야. 내 팔과 손을 자를 것이고 모자 쓴 내 머리도 없애 버릴 거야'라며 오스큐스 올은 눈물을 흘렸다.

그는 고개를 떨어뜨리고 서서 '칸의 칼에서 도망칠 수 없고 칸의 채찍에서 살아남을 수 없을 거야'라고 생각했다.

바로 그때 그의 곁을 붉은 수여우 딜기젝이 지나갔다. 오스큐스 올을 보더니 물었다.

"왜 울어, 오스큐스 올?"

"내가 어찌 안 울겠니? 칸의 양을 돌보다가 새끼 양이 다리를 다쳐 버렸어. 내 편을 들어 줄 사람이 하나도 없어. 이제 난 죽은 목숨이야."

"어떻게 네 편 들어 줄 사람이 없겠니? 내가 있잖아! 나를 믿어, 내가 도와줄게. 아무래도 네가 천상의 통치자인 쿠르부스투 칸의 딸 빌릭 공주와 결혼해야겠다. 그것만이 네가 살 길이야."

"정신 차려, 딜기젝! 무슨 말을 하는 거야? 난 그런 생각 꿈에도 해 본 적 없어. 그건 손으로 하늘을 만지는 것처럼 허황된 거야."

"걱정 마, 그건 내가 알아서 할 테니. 난 쿠르부스투 칸에게 갈 테니 넌 여기서 기다리고 있어."

천상의 쿠르부스투 칸은 무지개를 타야만 갈 수 있는 곳에 있었다. 딜기젝이 일곱 빛깔 무지개에 껑충 올라타 쿠르부스투 칸의 마을로 달려갔다.

그는 쿠르부스투 칸의 유르트에 들어가 큰절을 올리며 말했다.

"안녕하세요, 쿠르부스투 칸 어른, 카라티 칸께서 보내 이렇게 왔습니다. 저희 칸께서 아드님을 어르신의 따님과 혼인시키고 싶어 하십니다."

"나도 부자와 사돈을 맺는 데 반대하지 않는다네. 먼저 신랑감을 데려와 보게."

딜기젝은 날듯이 기뻐하며 오스큐스 올에게 한달음에 달려가 그가 전나무처럼 멋지고 호리호리해질 때까지 따뜻한 물로 씻겼다.

흡족해진 딜기젝이 그를 데리고 일곱 빛깔 무지개를 타고 쿠르부스투 칸에게 올라갔다.

칸의 마을 앞에서 딜기젝이 오스큐스 올에게 말했다.

"여기서 기다리고 있어. 가서 네 옷을 구해 와야겠다."

딜기젝이 칸에게 달려가 목청껏 외쳤다.

"아이고, 큰일 났습니다! 전 이제 죽은 목숨입니다."

"무슨 일인가?" 칸이 놀라 물었다.

"감히 말씀도 못 올리겠습니다. 어떻게 말씀드려야 할지 모르겠고요. 어르신께서도 아시다시피 제 다리는 가볍고 제 언변은 뛰어나며 실수를 하지 않지요. 어르신의 안부를 카라티 칸에게 이미 전했습죠. 그리고 저와 신랑감이 길을 떠났는데 도중에 소나기를 만나 신랑이 흠뻑 젖었죠. 그런데 어떻게 그런 모습으로 어르신 앞에 대령하겠습니까? 이제 어떻게 해야 할까요, 칸 어른?"

"여봐라. 카라티 칸의 아들을 위해 가장 좋은 옷을 가져오너라." 칸이 소리쳤다.

딜기젝이 오스큐스 올에게 재빨리 달려가 검은 흑담비로

만든 모자, 파란 비단 외투를 입히고 검은 이디키를 신게 했다. 그리고 허리에 주홍색 비단을 매어 준 후 오스큐스 올에게 지시를 내렸다.

"있잖아, 네 아버지는 카라티 칸이고 네 이름은 체촌 타지라는 걸 잊으면 안 돼."

둘은 쿠르부스투 칸의 유르트로 들어갔다. 칸은 손님을 정중하게 맞이했고 값비싼 음식을 대접했다. 그는 오스큐스 올이 마음에 들었다.

"두 칸이 사돈을 맺을 필요가 있지. 체촌 타지는 내 곁에 남고, 딜기젝, 너는 카라티 칸에게 가서 사흘 후에 내가 갈 테니 기다리시라고 전해라."

"알겠습니다, 칸 어른, 분부대로 행하겠습니다. 다만 체촌 타지에게 잠시 몇 마디 드리게 해 주십시오."

둘은 유르트에서 나왔다. 딜기젝이 말했다.

"자, 오스큐스 올, 모든 것이 잘되고 있지만 앞으로 해야 할 일이 많아. 나는 네게 둘도 없는 의형제야. 그러니 너는 겁먹지 말고. 이게 내가 네게 해 줄 말이야."

그리고 딜기젝은 카라티 칸의 마을로 곧장 달려갔다. 그는 칸의 흰 유르트에 뛰어 들어가 꼬리를 내리고 귀는 겁먹은 듯 바짝 누르고 온몸을 떨며 꺼이꺼이 울었다.

"무슨 일이냐, 딜기젝?" 칸이 몹시 놀라 물었다.

"천상의 쿠르부스투 칸에게 다녀왔습니다. 무엇 때문인지 몹시 화가 난 칸께서 아무것도 살아남지 못하도록 번개로 저희 모두 불태워 버리겠다고 협박했습니다. 그런데 제가 아무리 머리를 굴려 보아도 어른과 제가 숨을 만한 곳을 찾을 수가 없습니다. 제가 생각지 못하는 것은 아무도 생각해 내지 못하죠."

칸은 겁에 질려 몸을 떨고 이를 부딪치며 눈물을 흘리면서 도움을 청했다.

이것이 바로 딜기젝이 원하던 것이었다.

"칸 어른, 어서 유르트에서 나가 하늘을 보세요." 둘은 밖으로 나왔다. 칸이 하늘을 올려다보니 거대한 먹구름이 밀려오고 있었다.

"쿠르부스투 칸이 서두르나 봅니다." 딜기젝이 말했다.

카라티 칸은 딜기젝 앞에 무릎을 꿇고 아까보다 더 다급한 목소리로 도움을 청했다.

"생각났어요! 마을 뒤쪽에 아주 깊은 구덩이를 파서 일행들과 그곳으로 몸을 피하세요. 그리고 낙타 100마리가 끌 수 있는 큰 돌을 구덩이에 가져와 입구에 올려놓으세요. 나중에 제가 칸 어르신을 거기서 꺼내 드릴게요."

칸이 큰북을 치자 사람들이 모였고 구덩이를 파기 시작했다. 칸은 일행과 더불어 구덩이에 몸을 숨겼고 큰 돌로 입구를 막도록 명령했다.

그러자 딜기젝이 사람들에게 말을 건넸다.

"카라티 칸의 재물이 키를 넘길 정도로 많고 셀 수 없을 정도로 가축이 많으면 뭐 하나요, 당신들에겐 버터유만 먹게 했으니. 화가 나면 사람들의 목을 베기도 했고, 분이 풀려도 피를 빨아먹었고요. 낙타 목동인 연세 많으신 살 부우룰을 칸으로 추대하고 오스큐스 올을 그의 아들로 삼게 합시다."

사람들은 고개를 끄덕이며 찬성했다.

사흘이 지나자 일곱 빛깔 무지개를 타고 쿠르부스투 칸이 신랑, 신부와 함께 카라티 칸의 마을로 내려왔다.

사흘 낮, 밤 동안 모두들 흥겹게 놀며 오스큐스 올과 빌릭 공주의 결혼을 축하해 주었다. 무엇보다 딜기젝이 제일 신이 났다.

결혼식이 끝난 다음 날 검은 먹구름이 들이닥쳤다. 번개가 치자 큰 돌이 먼지처럼 산산조각 나 버렸다. 못된 칸은 흔적도 없이 사라져 버렸다.

오스큐스 올과 빌릭 공주는 천수를 누리며 행복하게 살았다 한다.

아디간 영감님

아르자이 티 남쪽 산비탈에 아디간 영감이 살고 있었다. 그에게는 용감하고 당찬 사냥꾼 아들이 아홉 명 있었다.

또 아르자이 티 산 너머에는 황금빛 스텝의 주인 카라티 칸이 살고 있었다. 어느 날 칸의 가장 아름다운 막내딸이 사라지는 사건이 일어났다.

칸은 샤먼과 라마승에게 도움을 청했다. 성대한 고사를 치르고 주문을 외우자 샤먼이 말했다.

"어쩌면 당신의 딸을 찾을 수도 있습니다, 단지 많은 헌금이 필요하지요."

라마승은 칸을 보며 또 말했다.

"어쩌면 당신 딸을 찾을 수도 있지요, 당신이 좋은 선물을 가져오시면요."

칸의 유르트 앞으로 사람들이 모여들어 있었다. 그들은 어떻게 하면 칸의 딸을 찾을지 의논하고 있었다.

한 늙은 노인이 나와 말했다.

"샤먼과 라마승은 아무런 도움이 안 되죠. 당신의 딸은 아디간 영감의 아들들만이 찾을 수 있습니다."

칸이 기뻐하며 하인들에게 즉시 아디간을 데려오라고 명

령했다.

“그렇게 해서는 안 됩니다, 칸 양반. 아디간과 아들들은 너무 도도해서 누가 자기들에게 명령하는 것을 좋아하지 않지요. 차라리 부탁을 하십시오.”

칸은 언짢았지만 딸을 찾으려면 다른 방도가 없었다. 칸은 하인에게 선물을 들려 아디간에게 보냈다.

아디간 영감은 칸의 하인들이 그를 찾아와 큰절을 올리며 선물을 주고 칸에게 가자고 청하자 몹시 놀랐다.

‘칸에게 무슨 일이 생겼나 보군, 이유 없이 착하게 굴 사람이 아닌데’라고 생각한 아디간 영감이 칸에게 갔다.

칸은 귀한 음식을 대접하고 아라크 술을 잔에 직접 따라 주며 그를 매우 융숭하게 대접했다. 그런 후 그에게 말했다.

“제 가장 귀한 막내딸이 사라졌습니다. 당신의 아들들만이 제 여식을 찾을 수 있습니다. 저를 도와주시면 찾아 준 아드님에게 제 딸을 아내로 삼게 하고 제 재산과 가축을 드리지요.”

“좋습니다, 아들들과 얘기해 보죠.” 아디간은 칸에게 대답한 후 마을로 돌아왔다.

영감이 아들들을 불러 그 말을 전했다.

“내가 나이가 많다, 아들들아. 혹시라도 내일 아침 일찍, 오늘 저녁 늦게라도 곧 죽을 수도 있지. 마지막으로 너희에게 내가 가장 아끼는 화살을 선물하마. 화살을 가지고 자기가 할 수 있는 것을 말해 보아라."

큰아들이 화살을 잡으며 말했다.

"저는 작은 곤충이 아주 오래전에 지나간 흔적도 찾을 수 있을 거예요."

둘째 아들이 화살을 잡으며 말했다.

"저는 하늘과 땅 끝에 있는 작은 바늘도 볼 수 있을 겁니다."

셋째 아들이 화살을 잡으며 말했다.

"저는 야크 중에서 제일 큰 놈을 들어 올려 이 세상 끝까지 들고 갈 수 있어요."

넷째 아들이 화살을 잡으며 말했다.

"저는 순식간에 가장 높은 절벽 위로 갈 수 있어요."

다섯째 아들이 화살을 잡으며 말했다.

"저는 새가 눈치채지 못할 정도로 재빠르게 꼬리털을 빼낼 수 있어요."

여섯째 아들의 차례가 왔다. 그는 화살을 잡으며 오랫동안 황홀한 얼굴로 바라보았다. 그런 후 아버지에게 말했다.

"저는 이 화살로 어디에 있는 짐승이라도 눈을 맞힐 수 있어요. 아버지, 아버지의 화살을 아껴서 쓸데없이 사용하지 않을게요."

일곱째 아들이 화살을 잡으며 말했다.

"저는 하늘에서 떨어지는 돌을 잡을 수 있어요."

여덟째 아들이 화살을 잡으며 말했다.

"저는 카라티 칸의 유르트도 들어갈 수 있는 큰 막사를 순식간에 지을 수 있어요."

막내가 일어나 화살을 잡으며 말했다.

"저는 두더지보다 더 빨리 지하 땅굴을 팔 수 있어요."

아들의 말을 끝까지 경청한 아디간 영감은 다음과 같이 말했다.

"너희가 함께라면 강할 것이다. 사이좋게 살면 너희에겐 항상 행운이 뒤따를 것이야. 오늘 카라티 칸에게 다녀왔단다. 가장 아리따운 막내딸이 사라졌다는구나. 딸을 찾아 준 사람에게 딸을 준다고 하더라. 그의 딸을 찾아라, 아들들아. 너희 중 누군가는 칸의 딸과 혼인을 할 것이고 나머지 모두에게 그녀는 형수 아니면 제수가 되겠지."

아디간의 아들들은 칸의 딸을 찾기로 하고 아버지와 함께 칸에게 갔다. 칸은 그들을 반갑게 맞이했고 귀한 손님들에게 하듯이 대접했다. 먼저 큰아들이 칸의 딸의 발자국을 찾아 떠났다. 발자국은 흰 돌이 있는 곳까지 있었지만 거기서부터 사라지고 없었다.

"여기서 누군가 아가씨를 하늘로 데려간 것 같아." 큰형이 동생들에게 말했다.

둘째 아들이 손바닥을 눈에 대자 사방이 보이기 시작했다. 그리고 형제들에게 말했다.

"하늘과 땅 끝 남쪽 태양 가까이에 절벽이 있고 그곳엔 못된 새 칸 헤레티의 둥지가 있어. 거기 어떤 여자의 머리가 보이네."

그러자 셋째 아들이 형제들의 손을 잡고 높은 절벽 기슭으로 데려갔다. 넷째는 절벽으로 올라가더니 재빨리 아래로 내려왔다.

"아가씨가 그곳에 있어. 그런데 칸 헤레티 새끼들이 우리를 쪼아 먹을 수도 있어."

그러고 그는 다섯째 동생을 어깨에 둘러 함께 절벽으로 올라갔다.

아디간의 다섯째 아들은 칸 헤레티 새끼들이 아무것도 눈치채지 못할 정도로 감쪽같이 아가씨를 데리고 나왔다.

그러나 갑자기 나타난 칸 헤레티는 두 형제와 아가씨를 낚아채 하늘 높이 데려갔다. 여섯째는 화살통에서 아버지의 화살을 꺼내 칸 헤레티의 가운데 발톱을 향해 쏘았다. 포악한 새는 괴성을 지르더니 형제와 아가씨를 발에서 놓아 버렸다. 그러자 일곱째가 앞으로 달려가 땅에 떨어지기 직전에 그들을 받아 주었다.

칸 헤레티는 화가 나서 형제를 쪼아 먹기 위해 아래로 날아갔다. 그때 여덟째가 순식간에 큰 막사를 지어 모두 그곳에 몸을 숨길 수 있었고, 칸 헤레티는 성난 소리를 내며 주위를 날아다녔다. 막내가 재빨리 지하 통로를 만들어 모두 그곳에서 달아날 수 있었다.

자신의 딸이 살아 있고 다치지 않은 것을 확인한 칸은 기뻐하며 누가 그녀를 구했는지 묻기 시작했다. 형제는 모두 자기가 그녀를 구했다고 생각했다.

그래서 마을에서 가장 지혜로운 노인을 불렀다. 그는 아디간의 아들들 모두가 칸의 딸을 구해 주었다고 결론지었다. 그들 중 한 명이라도 없었다면 칸의 딸은 죽었을 수도 있었기 때문이었다. 그러나 누구보다 고생한 사람은 땅을 판 막내였다. 칸의 사위는 그가 되어야만 했다.

노인은 현명한 판단을 내렸지만 칸의 딸은 그의 말에 동의하지 않았다.

"모든 형제에게는 아버지가 유산으로 물려주신 화살이 남아 있습니다. 그러나 여섯째 형제만은 칸 헤레티를 쏘느라 더 이상 화살이 없어요. 저는 그에게 시집가겠어요." 가장 예쁜 칸의 막내딸이 말했다.

아디간 영감의 여섯째 아들은 칸의 딸과 혼인하고 재산과 가축을 형제에게 나누어 주었다.

연로한 아디간은 이미 오래전에 세상을 떠났지만 그의 자손은 사이좋게 살았다. 아디간의 손자와 증손자들은 재앙이 닥쳐도 항상 서로를 도우며 행복하게 살았다.

영리한 자와 부자

옛날 옛적 친게 카라 강에 아르갈릭과 쿠출룩이 살고 있었다. 아르갈릭은 가진 것은 없었지만 재치가 있고 영리했으며 민첩한 사람이었다.

그러나 쿠출룩은 부자였지만 어리석었다. 어느 날 배가 고픈 아르갈릭이 부자를 찾아갔다. 그가 들어가서 보니 쿠출룩은 부드러운 펠트로 만든 양탄자에 앉아 달콤한 보르작[13]을 먹으며 차를 마시고 있었다. 다 마시면 차를 다시 따라 후후 불며 식혔다. 그가 아르갈릭에게 말했다.

"당신이 아주 영리한 사람이라고 들었는데. 나를 한번 속여 보시오. 나를 속이면 먹을 것을 주겠소."

아르갈릭이 그의 제안을 승낙했다.

"좋소, 다만 내게 말을 주시오, 내가 내 영특함을 깜박하고 집에 놓고 왔으니 말이오."

쿠출룩은 그에게 말을 내주라고 명령했다. 아르갈릭은 말에 올라타 그곳을 떠났다. 쿠출룩은 아르갈릭이 돌아오기를 기다렸지만 아무리 기다려도 그는 오지 않았다. 시간이

---

13) 계란과 밀가루로 만들어 튀긴 둥근 과자.

흘러 사흘이 지났는데도 그는 온데간데없었다. 쿠출룩은 더 참지 못하고 직접 아르갈릭을 만나러 나섰다.

유르트에 들어가자 아르갈릭은 바닥에 앉아 양 볼에 고기를 잔뜩 넣은 채 게걸스럽게 먹고 있었다.

“왜 이제껏 안 온 거요?” 쿠출룩이 꾸짖듯 말했다.

아르갈릭이 껄껄 웃어 댔다.

“내가 당신을 속여 주길 원했잖소. 그래서 난 그렇게 한 것뿐이오. 당신이 준 말은 거의 다 먹어 가오.”

화가 머리까지 난 쿠출룩이 아르갈릭의 유르트에 불을 질렀고 결국 유르트는 다 타서 재만 남게 되었다.

아르갈릭은 재를 자루에 담아 카라티 칸을 찾아가기로 했다.

그가 마치 보물을 안고 있는 것처럼 자루를 품고 마을을 지나가고 있었다. 이 모습을 본 칸의 딸들이 그를 빙 둘러싸 자루에 있는 것이 무엇인지 보여달라고 부탁했다.

“그럴 수 없소. 이 안에 내 유르트가 있소.” 아르갈릭이 그들의 부탁을 뿌리쳤다.

어떻게 유르트가 자루에 들어갈 수 있는지 궁금해진 칸의 딸들은 이전보다 더 심하게 간청했다.

앞을 다투며 서로 먼저 보고자 했지만 아르갈릭이 고집을 피웠다.

"유르트도 없는 불쌍한 나를 가만 내버려 두시오. 아름다운 아가씨가 안에 든 것을 보면 유르트는 곧장 재로 변해 버린다니까요."

"저희에게 좀 보여 주세요. 유르트가 재로 변하면 우리 아버지께서 당신에게 새 유르트를 주실 거예요."

그제야 아르갈릭은 자루를 풀었다. 딸들이 자루를 보고자 얼굴을 들이밀고 달려들어 보니 재만 있는 것이 아닌가.

"그럼, 우리가 미녀란 말이네!" 딸들은 기뻐하며 아버지께 아르갈릭을 위해 새 유르트를 지어 달라고 부탁했다.

다음 날 쿠출룩은 절망에 빠진 아르갈릭이 얼마나 힘들어하고 있는지 보려고 그를 찾아갔다. 그런데 그에게 새로운 유르트가 생긴 것이 아닌가.

너무도 놀란 쿠출룩은 눈이 휘둥그레져 물었다.

"여보시오, 아르갈릭, 당신 유르트는 몽땅 타지 않았소, 그런데 어디서 새 유르트가 난 거요?" 그가 물었다.

아르갈릭이 웃으며 대답했다.

"내가 재를 모아 카라티 칸에게 가져갔소. 칸의 가축이 병이 났다기에 재로 병을 고쳐 주었지. 그랬더니 칸이 그에 대한 보답으로 새 유르트를 지어 줬소. 듣자 하니 칸의 가축이 병이 또 도졌다고 하더군. 그래서 새 유르트를 태우려던 참이오."

쿠출룩은 말을 채찍으로 때려 가며 자기 마을을 향해 서둘러 달렸다. 그러고는 자기 유르트를 태운 후 재빨리 재를 모아 카라티 칸에게 가져갔다.

"안녕하십니까, 칸 어른! 가축이 병이 났다고 들어서 여기 당신에게 치료할 수 있는 재를 가져왔습니다."

카라티 칸이 격노하며 말했다.

"이 나쁜 놈아, 네가 내 가축을 죽이고 싶은 게냐?" 그리고 칸은 벌로 어리석은 쿠출룩을 때리라고 명령했다.

쿠출룩이 몸을 겨우겨우 끌고 집으로 돌아왔다.

다음 날 쿠출룩은 아르갈릭에게 달려가 그를 붙잡아 묶고 자루에 집어넣어서 목만 나오게 했다.

"자, 이제 네놈은 나한테서 못 달아날 거야, 이 사기꾼아. 너를 태워 죽이겠어!"

"물론, 못 달아나겠지, 네가 나를 데리고 다니는 한. 다만 일곱 길이 만나는 지점에 나를 데리고 가서 로뎀나무로 만든 모닥불에 나를 태워. 왜냐하면 나는 성스러운 사람이니까."

쿠출룩은 아르갈릭을 일곱 길이 만나는 갈림길에 끌고 가 나무에 자루를 매달아 놓고, 본인은 타이가에 로뎀나무를 구하러 갔다.

아르갈릭은 오는 사람이 없는지 사방을 둘러보았다. 한

참을 바라보자 마침내 검은 비단 외투를 입은 애꾸눈이 칸이 흑마를 타고 왔다.

아르갈릭은 재빨리 한쪽 눈을 가리고 하늘을 향해 시선을 돌렸다. 칸이 가까이 다가와 물었다.

"여기 왜 걸려 있는 거요? 누가 당신을 여기에 매달았소?"

"여기 걸려 있은 지 벌써 이레째요. 난 한쪽 눈이 없는 사람인데 오늘 하늘에서 한쪽 눈이 떨어진다고 해서 기다리고 있소."

"내게 당신 자리를 양보해 주시오." 애꾸눈이 칸이 그에게 간청하기 시작했다.

"안 돼요, 안 돼. 나도 눈이 필요하잖소."

"여보시오, 내 말 좀 들어 보시게. 나는 칸이고 자네는 평민이 아닌가, 내가 자네보다 더 눈이 필요하지. 대신에 내가 말과 옷을 주지. 그 자리만 내게 양보해 주게."

칸이 오랫동안 설득하자 결국 아르갈릭은 마지못해 자리를 내주었다. 칸은 그를 나무에서 풀어 주고 옷을 준 뒤 본인은 자루 속으로 들어갔다. 아르갈릭은 나무에 자루를 매달고 칸의 말을 타고 떠났다.

타이가에서 로뎀나무를 찾느라 지쳐 성이 난 쿠출룩이 돌아왔다.

"지가 성자는 무슨 얼어 죽을 성자야! 네놈을 이 로뎀나무로 활활 태워 주마!" 쿠출룩이 욕을 퍼부었다.

그가 자루 안에서 중얼거리는 소리가 들렸다.

쿠출룩이 껄껄 웃으며 말했다.

"기도를 하든 말든 이제는 피할 수 없을 거야, 반드시 널 죽일 테니!" 그리고 자루 밑에 불을 지폈다.

칸이 놀라 소리쳤다.

"나는 칸이다. 불을 꺼라."

"조용히 해, 이 나쁜 놈아, 넌 타 죽을 것이니!" 쿠출룩이 대답하고는 그곳을 떠났다.

다음 날 쿠출룩은 아르갈릭의 유르트를 보러 왔다. 은색 마구를 쓴 흑마가 말뚝 근처에 서 있는 것이 보였다.

'어떤 사람이 여기 왔을꼬?' 쿠출룩은 유르트에 들어간 후 자기 눈을 의심했다.

양탄자에 붉은 비단 옷을 입은 아르갈릭이 앉아 있는 것이었다. 쿠출룩이 정신을 차리고 그에게 물었다.

"분명히 너를 태웠는데. 어떻게 다시 탈출한 것이냐?" 아르갈릭이 통쾌하다는 듯 대답했다.

"내가 악마의 나라에 다녀왔지. 그곳에서 악마들이 금은 보화를 나누어 줬고. 바로 이 아름다운 옷과 마구를 쓴 말을 내게 주고 자네에게도 남겨 뒀지."

그러자 욕심 많은 쿠출룩이 그에게 부탁하기 시작했다.

"그럼 나도 빨리 불태워 주게, 나를 좀 도와줘!"

아르갈릭은 그가 불에 잘 타도록 도와주었고 그 후로는 편안히 잘 살았다고 한다.

엄지 소년

카라 살이라는 가난한 노인이 엄지손가락만 한 작은 아들 에르겍테이 올과 살고 있었다. 그들의 집에서 멀지 않은 곳에는 구두쇠 카라티 칸이 살고 있었다.

유르트에 남은 게 붉은 수수 한 줌과 우유 한 잔이 전부라는 사실을 알게 된 어느 날, 카라 살 영감은 크게 상심해 있었다. 에르겍테이 올은 혼자 뭐라도 구해 보기로 마음먹었다. 밤이 되자 그는 조용히 카라티 칸의 가축 중 가장 살찐 소를 데리고 나왔다.

아침에 카라티 칸이 일어나 보니 소가 사라진 것이었다. 울타리 주위를 살펴본 후 그는 하인과 함께 카라 살의 검은 유르트로 갔다.

유르트에 도착한 칸이 노인에게 윽박질렀다.

"망할 도둑놈아, 내 소 값은 네 목숨으로 갚아야 할 것이야."

"용서해 주십시오. 카라티 칸 어른. 그런데 저는 아무것도 훔치지 않았습니다."

칸은 영감에게 주먹을 휘둘렀다. 그때 에르겍테이 올이 소리쳤다.

“아버지에게 손대지 마세요. 소를 훔친 사람은 접니다. 저를 혼내십시오.”

칸은 소년의 말을 믿지 않았다.

“너 같이 작은 놈이 어떻게 저 거대한 소를 훔쳐 갈 수 있단 말이냐?”

“아닙니다, 정말 제가 가져갔습니다. 맹세합니다요.”

빙그레 미소 짓던 칸이 잠시 생각을 한 뒤 말했다.

“만일 사실이라면, 네가 진짜 꾀가 많다는 것을 증명해 보아라. 오늘 밤 내 진주를 훔친다면 내가 믿고 용서해 주마. 만약 못 한다면 네 아비의 머리를 가져갈 것이다.”

카라티 칸은 마을로 돌아와 밤을 대비해 만반의 준비를 했다. 그는 병사들에게 마을을 세 겹으로 둘러싸도록 했다. 말뚝 주위에는 성질이 고약한 낙타 두 마리를 대령해 놓았다. 또 유르트 입구에는 두 마리 맹견도 배치해 놓았다. 유르트 한쪽에는 라마승 두 명을, 다른 쪽에는 샤먼 두 명을 앉혀 놓았다. 또 기름병을 든 두 사람이 불에 기름을 붓기 위해 유르트 들보에 자리를 잡고 있었다. 이제야 칸은 유르트 가운데에 누워 생각에 잠겼다. ‘보초를 확실히 세웠으니 도둑놈은 잡히겠지.’ 시간이 얼마 지나자 그는 온 마을이 떠나가도록 코를 골기 시작했다. 라마승들도 그가 코고는 소리를 듣자 밀려오는 졸음으로 끊임없이 하품을 해 댔다. ‘잠깐 눈

좀 붙여도 되겠지, 옆에 동료가 있으니까 말이야'라고 두 사람은 각자 자기 생각만 하고 둘 다 잠이 들고 말았다.

에르겍테이 올은 바로 이 순간을 기다리고 있었다. 그는 졸고 있는 병사들에게 살금살금 다가가 그들의 변발을 둘씩 묶어 놓았다. 낙타에게는 제일 좋아하는 소금 덩어리를 던져 주자 그가 지나가게 놔두었다. 또 두 마리 개한테는 고깃덩어리를 던져 줬더니 그에게 짖지도 않았다. 유르트에 들어간 엄지 소년은 라마승에게 따뜻한 양 가죽을 덮어 주었고 샤먼이 더 따뜻하게 자도록 새끼 양을 다리에 내려놓았다. 그런 후 조용히 유르트 안으로 들어가 기름병에서 기름을 비우고 물을 가득 채웠다.

이제 에르겍테이 올은 칸에게 살금살금 다가가 진주를 찾기 시작했다. 아무리 찾아봐도 진주는 보이지 않았다. 바로 그때 칸이 한쪽 콧구멍으로만 숨을 쉬는 것을 발견했다. '진주가 바로 여기 있구나!' 에르겍테이 올은 지푸라기를 집어 칸의 코에 간지럼을 태웠다. 카라티 칸이 재채기를 하자 콧속에서 소년의 손바닥으로 진주가 튀어나왔다. 에르겍테이 올은 진주를 손에 쥔 채 유르트를 유유히 빠져나왔다.

소년은 칸을 비웃듯 그의 가장 좋은 준마를 타고 크게 소리쳤다.

"불! 불이야!"

모두들 바로 깨어났다. 어둠 속에서 큰 소동이 벌어졌지만 에르겍테이는 이미 흔적도 없이 사라지고 난 후였다. 칸이 벌떡 일어나 고함치기 시작했다.

"파수꾼, 에르겍테이 올을 붙잡아라!"

그러나 병사들은 변발이 모두 묶여 있었기 때문에 일어날 수 없었다. 그러면서 서로에게 욕을 해 댔다.

"네가 나를 묶었지!"

"아니야, 네가 날 묶었겠지!" 그러면서 주먹다짐을 했다.

그리고 유르트 안에서는 라마승들이 서로 가죽을 빼앗으며 싸웠다.

"이건 내 털이야!" 라마승이 외쳤다.

"아냐, 내 거야!" 다른 라마승이 외쳤다. 샤먼들은 방울로 서로의 머리를 때렸다.

"이건 내 새끼 양이야!"

"아냐, 내 거야!"

어둠 속에서 칸도 실수를 하게 되었다. '대체 무슨 일이야?' 겁을 먹은 칸이 명령을 내렸다.

"여봐라! 어서 불에 기름을 부어라!"

기름 대신 물을 붓자 불은 완전히 꺼지고 말았다. 하는 수 없이 아침까지 기다려야 했다.

반면 카라 살 영감 유르트의 벽난로에는 불이 활활 타고 있었고, 소년은 진주를 한 손바닥에서 다른 손바닥으로 굴리며 놀고 있었다.

오스큐스 올과 황금 공주

옛날 옛적에 오스큐스 올이라는 용감한 젊은이가 나이 많은 아버지와 낡은 춤에서 살고 있었다. 그들이 가진 것이라고는 일곱 마리 염소가 전부였다.

그는 염소를 돌보고 식사를 차리며 차를 달이는 일을 하며 아버지를 돌보았다. 아버지의 건강이 악화된 어느 날, 오스큐스 올은 절망에 빠졌다.

"이 세상에 없던 나를 아버지가 낳으셨어요. 태어난 나를 아버지는 키워 주셨고요. 이제 어떻게 해요, 어떻게 하면 제가 아버지를 도울 수 있을까요?"

아버지는 아들의 머리를 쓰다듬으며 낮은 목소리로 말했다.

"네가 도울 일은 아무것도 없단다, 내 아들아. 나는 이제 생의 끝자락에 있단다. 눈 감기 전에 기름진 수프를 맛보고 부드러운 가죽에 한번 누워 봤으면 좋겠구나. 염소는 얼마 있지도 않고 네게 필요한 것이니 안타깝구나."

"아버지가 안 계시다면 가축이 제게 무슨 소용이에요, 아버지?" 대답하자마자 그는 곧바로 염소를 죽여 가죽은 아버지께 깔아 드리고 고기로는 수프를 끓여 드렸다.

오스큐스 올은 매일 수프를 끓이며 차를 달였고 아버지는 염소 털로 자루를 짰다.

마지막 염소까지 다 먹어치우자 노인은 자루를 마저 짠 다음 아들을 불렀다.

"얘야, 드디어 마지막 날이 왔구나. 네게 이 자루 말고는 남겨 줄 게 없구나. 너의 선한 마음은 결코 헛되지 않을 것이야. 흰 바위가 있는 아르자이티 산비탈에 나를 묻어라, 그리고 너는 북쪽, 황금 호수에 가서 살아라."

아침 무렵 노인은 숨을 거두었다.

오스큐스 올은 울부짖으며 애통해했지만 그가 할 수 있는 일은 아버지의 유언을 따르는 것뿐이었다. 아르자이티 산비탈 부근에서 흰 바위를 발견하고 그곳에 아버지를 묻고는 곧장 북쪽으로 떠났다.

오스큐스 올은 수많은 날을 쓸쓸한 타이가에서 보냈지만 황금 호수는 보이지 않았다. 그러던 어느 날, 그가 고개를 넘고 있을 때 흰 보따리를 싣고 백마를 타고 가는 흰 수염의 노인을 만났다.

"자네 이름이 뭔가? 어디서 오고 어디로 향하고 있는가, 젊은이?" 노인이 물었다.

"제 이름은 오스큐스 올입니다. 남쪽에서 황금 호수로 가는 길입니다. 아직 많이 가야 하나요, 할아버지?"

"황금 호수까지는 결코 갈 수 없을 것이네, 젊은이!" 백마를 탄 노인이 비웃듯 말하고는 사라졌다.

'흰 수염, 백마와 흰 보따리, 그렇지만 영감의 속은 시꺼멓구나.' 속으로 생각한 오스큐스 올은 계속 걸어갔다.

다른 고개를 지나려는데 이번에는 흑마를 타고 검은 보따리를 싣고 가는 검은 수염의 노인을 만났다.

"자네 이름이 뭔가? 어디서 오고 어디고 어디로 향하고 있는가, 젊은이?" 노인이 물었다.

"제 이름은 오스큐스 올입니다. 남쪽에서 황금 호수로 가는 길입니다. 아직 많이 가야 하나요, 할아버지?"

"산에서 내려가면 친게 카라 강가에 바이 칸 마을이 보일 걸세. 거기서부터 황금 호수까지는 사흘만 걸어가면 된다네. 여행 잘하게, 젊은이!" 노인은 상냥하게 말하고 자기 길을 갔다.

'검은 수염, 흑마라. 보따리도 검은데 노인의 마음은 참으로 고우시네.'

친게 카라 강가에서 그는 큰 마을과 주위에 스텝의 풀만큼이나 많은 가축을 보았다.

'이 바이 칸은 엄청난 부자인가 보네'라고 생각한 청년은 검은 유르트에 잠시 들렀다.

"어디서 오고 어디로 가는 길인가, 젊은이?" 유르트의 주인인 노인이 그에게 물었다.

"남쪽에서 황금 호수로 가는 길입니다."

"우리 집에 잠시 머물러 쉬었다 가게. 내일은 우리 마을에서 경기가 있거든. 칸에게 딸이 있는데 많은 부자 신랑감들이 그녀를 탐내고 있지. 카라 다가 산의 물을 빨리 가져오는 사람에게 칸의 딸을 준다네."

오스큐스 올은 결혼할 생각은 추호도 없었지만 자신의 힘을 한번 시험해 보기로 했다. 아침에 그는 노인에게 양동이를 빌려 칸의 유르트로 갔다. 양동이를 든, 건장하고 힘이 센 신랑감 삼십여 명이 이미 모여서 서로를 표독스럽게 쳐다보며 시작을 기다리고 있었다.

그들은 자기들과 경쟁하려는 가난한 청년 오스큐스 올을 비웃었다.

그때 칸이 나와 비단 손수건을 흔들자 모두들 검은 산을 향해 뛰기 시작했다. 신랑감 후보들이 산을 넘지 못하고 있을 때, 어린 시절부터 염소를 몰기 위해 산 넘나들기에 익숙했던 오스큐스 올은 벌써 되돌아오고 있었다.

오스큐스 올은 칸에게 물이 든 양동이를 주며 말했다.

"저는 길을 떠나야 합니다. 당신의 딸은 필요 없으니 더 머물지 않겠습니다. 아버지께서 황금 호수에 가라고 하셨거든요."

오스큐스 올은 여정을 이어갔다.

해가 두 번 뜨고 졌지만 오스큐스 올은 아직도 북쪽에 도착하지 못하고 있었다. 해가 솟아오른 셋째 날이 되어서야 그는 황금 호수에 도착했고, 호숫가에 말린 생선이 온통 널브러져 있는 것을 보게 되었다.

'아버지 말씀이 옳아. 여기서 나는 배불리 먹고 살 수 있겠구나'라고 생각한 청년은 이곳에 정착했다.

그러던 어느 날 호숫가에서 오스큐스 올은 금빛 물고기를 잡아 솥에 넣으려는 두 어부를 보았다. 오스큐스 올은 물고기가 너무 불쌍해 어부들에게 부탁했다.

"물고기를 제게 주실 수 없겠습니까?"

"그럼 그 대신에 자넨 무엇을 줄 건가?" 어부들이 물었다.

"제겐 아버지가 주신 이 자루 말고는 아무것도 없습니다. 원하시면 가지십시오. 대신 물고기는 죽이지 말아 주세요."

오스큐스 올의 자루가 좋아 보이자 어부들은 그의 말을 들어주었다.

오스큐스 올은 호수 근처에 구덩이를 파서 호수 물로 채운 후 그곳에 금물고기를 풀어 주었다. 햇빛이 강렬하게 반사되자 물속의 금물고기가 반짝거렸다. 그가 하루 종일 얼마나 물고기 구경에만 푹 빠져 있었던지, 꿈에서도 빛나는 금물고기가 나타났다.

다음 날 아침 그는 구덩이에 물고기 숫자가 늘어난 것을 발견했다. 물고기가 많아진 사실에 매우 기뻐하며 몇몇 물고기는 먹고 일부는 말렸다. 금물고기가 있는 구덩이는 매일 새 물고기로 채워졌다.

어느 날 오스큐스 올이 물고기를 잡으러 구덩이에 도착하자 구덩이가 텅 비어 있는 것이었다.

비탄에 빠진 오스큐스 올은 고개를 푹 숙인 채 호숫가를 따라 걸으며 금물고기 생각에 잠겨 있었다. 그때 호수가 요란스런 소리를 내더니 호숫가로 불꽃처럼 붉은 말을 타고 검은담비 모자를 쓴 붉은 얼굴의 한 노인이 올라왔다. 그는 오스큐스 올에게 다가와 살갑게 말을 건넸다.

"오스큐스 올, 황금 호수의 용왕인 달라이 칸께서 자네를 부르시네."

'나를 왜 찾는 걸까?' 오스큐스 올은 놀랐지만 그의 말을 따르지 않을 수 없었다. 그는 말을 탄 노인의 뒷자리에 올라탔다. 그러고는 얼마나 빨리 달렸던지 귀가 윙윙거렸고 순식간에 호수 바닥에 도착했다.

"자네에게 조언을 하나 해 주고 싶네, 오스큐스 올. 달라이 칸의 궁전에 당당히 들어가게. 자넨 칸의 딸 생명을 구해 주지 않았나. 그리고 칸이 주는 그 어떤 가축도 재물도 받지 말게. 칸의 발 가까이에 있는 작은 선홍색 강아지가 보일 걸

세. 그걸 달라고 하게."

오스큐스 올이 황금 모래가 깔려 있는 길을 따라 걷자, 곧 아홉 마리 말을 타고 달려도 도달하기 어려울 정도로 거대한 흰 문직으로 만든 유르트가 보였다.

칸의 하인이 뛰어나와 오스큐스 올을 맞이했고 그를 유르트로 정중하게 모셨다. 그곳에서 초록색 얇은 비단으로 만든 망토를 입은 검고 긴 턱수염을 한 달라이 칸이 벌써 그를 기다리고 있었다.

그는 오스큐스 올을 아홉 계단으로 이루어진 비단 방석에 앉게 한 후 진한 차, 달콤한 음식과 구운 과자를 대접했다. 그런 후 하인에게 명령했다.

"내 딸을 구한 답례로 오스큐스 올에게 내 재산의 일부와 가축을 주거라!"

"제겐 칸 어른의 재물을 보관할 데가 없으니 필요 없습니다. 칸 어른의 가축 또한 방목할 데가 없으니 괜찮습니다. 차라리 어르신의 발 옆에 있는 강아지를 선물로 주십시오." 오스큐스 올이 말했다.

달라이 칸은 예상치 못한 오스큐스의 부탁에 참으로 난감한 표정을 지었다. 결국 강아지를 털로 만든 개줄로 묶어 오스큐스 올과 포옹한 뒤 줄을 건네주고, 홍안의 노인에게 손님을 황금 호숫가로 데려다주라고 명령했다.

'대체 내가 왜 강아지를 가져가야 하는 거지? 내게 무슨 쓸모가 있다고? 괜히 홍안의 노인 말을 들었나 보군.' 이렇게 생각한 오스큐스 올은 강아지를 놓아주었다.

그러자 강아지는 재빨리 숲으로 달려가더니 곧 토끼를 물어 다시 돌아왔다.

'영리한 개로구나'라고 생각한 오스큐스 올은 구운 토끼 고기를 배불리 먹었다.

이렇게 강아지는 매일 그에게 토끼나 물새를 잡아 왔다.

어느 날 아침 오스큐스 올이 일어나니 강아지가 보이지 않았다. 슬픔에 빠진 그는 강아지를 찾으러 나섰다.

강아지의 흔적을 쫓다 보니 그는 큰 유르트까지 가게 되었다. 유르트로 조심스레 들어간 오스큐스 올은 너무 놀라 그 자리에서 움직일 수가 없었다.

황금 공주가 값비싼 양탄자에 앉아 있었고 그녀 주위에는 달빛과 햇빛 같은 후광이 퍼져 나왔다.

공주의 땋은 검은 머리는 손에 잡히지 않을 만큼 두툼했고 길이를 잴 수 없을 만큼 길었다. 그리고 나란히 선홍색 강아지의 가죽이 놓여 있었다.

황금 공주는 놀란 오스큐스 올을 보자 부드럽고 낭랑한 목소리로 웃으며 말했다.

"놀라지 말아요, 오스큐스 올. 저는 달라이 칸의 외동딸

입니다. 당신이 제 생명을 구해 주었으니 제 유르트의 주인이 되셔야죠. 앉으세요, 제가 물을 가지러 갈게요."

공주는 은 양동이를 가지고 호수로 갔다.

오스큐스 올은 은 주전자에서 차를 따르고 구운 과자를 집어 들었다. 먹고 마시면서도 그는 황금 공주가 다시는 선홍 강아지로 돌아가지 않고 그가 아름다운 그녀와 항상 함께하려면 어떻게 해야 할지 고민에 빠져 있었다. 오스큐스 올은 강아지 가죽을 태우기로 했다. 그는 가죽을 들어 불에 던져 버렸다.

물을 뜬 후 유르트로 돌아와 모든 것을 알게 된 후 황금 공주가 말을 꺼냈다.

"공연히 선홍 강아지의 가죽을 태우셨네요, 오스큐스 올. 저는 악한 사람들의 눈을 피하기 위해 일부러 강아지 가죽 안에 숨어 있었던 거랍니다. 이제 못된 사람들이 우리를 떼어 놓을까 걱정이네요."

"황금 공주, 내가 당신과 함께 있으니 악한 사람들을 겁내지 말아요." 오스큐스 올이 말했다.

그리고 둘은 행복하게 살았다.

시간이 흘렀지만 오스큐스 올은 황금 공주의 말을 기억하고 있었다.

그러던 어느 날 악한 카라티 칸이 하인들을 데리고 검은 타이가에 사냥을 하러 왔다.

"하루가 지났는데도 짐승 한 마리를 못 잡았다니! 잣까마귀만 잡히는 걸 보니 오스큐스 올이 동물들을 쫓아 버렸나 보군." 화가 난 카라티 칸은 하인 두 명을 불러 명령을 내렸다.

"여봐라, 오스큐스 올에게 가 그의 화로에 잣까마귀를 구워 보아라. 그리고 오스큐스 올이 어떻게 사는지 살펴보고."

그 시간에 오스큐스 올은 황금 호수에서 낚시를 하고 있었다. 카라티 칸의 하인들은 그의 유르트에 도착해 황금 공주를 보자마자 그녀의 아름다움에 놀라, 그 자리에 꼼짝도 하지 않고 선 채 움직이지 못하고 입도 벙긋할 수 없었다. 황금 공주가 그들에게 물었다.

"당신들은 누구시죠? 무슨 일로 여기 오셨나요? 왜 아무 말씀도 안 하시죠?"

"저희는 카라티 칸의 사람들입니다. 칸께서 당신 유르트에 가 잣까마귀를 구워 보라고 명하셨죠." 하인들이 대답했다.

"그렇다면 당신들께 명한 일을 하세요." 이렇게 말하며 공주는 화로에 석탄을 쉬었다.

하인들은 불에 잣까마귀를 던져 놓고는 까마귀에 대해서 완전히 잊고 있었다. 황금 공주에게서 눈을 뗄 수가 없었기 때문이었다. 잣까마귀가 새까맣게 탔지만 하인들은 해가 질 때까지 공주에게 푹 빠져 있었다. 아무리 보아도 싫증나지가 않았기 때문이었다.

"흐린 하늘이 개면 손님도 집으로 돌아가죠." 공주가 말했다.

"칸 어른의 명령을 깜빡했네요, 당신을 쳐다보느라. 이 일을 알면 저희를 죽이실 텐데." 하인들이 말했다.

그러면서 하인들은 황금 공주에게 자신들을 도와 달라고 부탁했다. 불쌍히 여긴 공주는 밀가루와 고기로 잣까마귀를 만들었다.

"칸에게 갖다 주세요, 대신 제 얘기는 절대 하시면 안 됩니다. 함부로 발설하시면 돌로 변할 테니까요."

귀가한 하인들은 절을 하며 칸에게 잣까마귀를 건넸다. 고기를 보더니 칸이 소리쳤다.

"고기도 볼품이 없고 잘못 구웠네! 자네들이 먹게."

하인들은 잣까마귀 고기를 먹으며 칭찬을 쏟아냈다. 그들이 먹는 것을 지켜본 칸의 입에서 침이 흘러나왔다.

"사냥꾼은 어떤 먹이도 거절하면 안 된다고들 하지." 이렇게 말하며 잣까마귀 고기를 빼앗았다.

칸은 맛을 보자 고기가 너무 맛있어서 하마터면 자기 손가락까지 먹을 뻔했다. 잣까마귀 고기를 먹으며 칸이 하인에게 불현듯 질문을 던졌다.

"유르트에서 오스큐스 올은 못 봤나? 어떻게 지내던가?"

순간적으로 당황한 하인들은 황금 공주의 부탁을 깜빡하고는 그녀의 눈부신 미모에 대해 앞을 다투어 이야기했다. 말이 끝나기가 무섭게 그들은 돌로 변하고 말았다.

못된 칸은 '대체 가난뱅이에게 어떻게 그리 아리따운 마누라가 생긴 걸까? 미녀가 있어야 할 곳은 거기 아니라 내 유르트지'라고 생각했다. 그러고는 다음 날 아침 황금 공주를 자신의 눈으로 확인하고자 오스큐스 올의 집으로 가기로 했다.

한편 오스큐스 올은 고기를 넉넉히 잡아 만족스러워하며 집으로 돌아왔다. 공주는 칸의 하인에 대해 모두 이야기해 주었다. 오스큐스 올은 강아지 가죽을 태운 일을 후회하며 잠자리에 들었다.

오스큐스 올이 황금 호수에 다시 간 다음 날 아침 카라티 칸이 그의 유르트에 도착했다. 유르트에 들어간 그는 황금 공주와 그녀 주위의 달빛과 햇빛 같은 후광을 보게 되었다. 얼마나 놀랐는지 칸은 인사를 나누는 것도 잊고 있었다.

칸이 얼마나 오래 서 있었는지 그 시간이면 찻주전자를 일곱 통이나 마셨을 것이다. 그래서 그는 다리가 저려 움직이기도 어려웠을 정도였다. 마침내 그는 입을 열어 인사를 건넸다.

"정말 이상한 칸 어른이시네요! 아침에 도착하신 분이 저녁이 다 되서야 인사를 하시다니요." 공주가 비웃듯 말했다.

칸이 너무 창피한 나머지 유르트에서 도망쳐 나와 마을로 돌진했다. 평정심을 잃은 칸은 먹을 수도 마실 수도 없었다.

어느 날 여명이 밝아 오고 산꼭대기가 태양으로 붉게 물들 무렵, 칸은 오스큐스 올을 데리러 심부름꾼을 보냈다.

심부름꾼들은 오스큐스 올을 붙잡아 데려왔다. 칸이 그에게 말했다.

"자네에게 호의를 베풀고 싶네. 사흘 낮과 밤을 내 유르트에서 보내게, 난 자네 유르트에서 지낼 테니."

어떻게 해야 할까? 칸의 명령을 거절할 수도 없는 노릇이었다. 오스큐스 올이 카라티 칸의 유르트에 남게 되자 칸의 하인들은 그에게 음식을 대령하고 아라크를 따르며 시중을 들었다. 오스큐스 올은 모든 음식을 거부한 채 황금 공주만 생각했다. 꿈에서도 그녀가 보였다.

한편 그 시간 카라티 칸은 오스큐스 올의 유르트에 앉아 공주에게서 눈을 떼지 못하고 있었다. 어떻게 하루가 지나갔는지 모를 정도였다. 황금 공주가 말했다.

"오스큐스 올은 밤에 굴뚝 통로 닫는 것을 한 번도 잊은 적이 없어요."

칸이 유르트에서 뛰어나와 굴뚝 통로를 닫았지만 내려갈 수가 없었다. 공주가 그에게 마법을 건 것이다. 칸은 밤새 이렇게 있어야만 했다.

아침이 돼서야 유르트로 돌아왔지만 황금 공주는 아무 일도 없었던 것처럼 차를 따르며 물었다.

"어디서 밤을 보내신 거예요, 칸 어른?"

"유르트를 지켰소, 못된 사람들이 당신을 해칠까 보호하기 위해서 말이오." 칸이 거짓말을 했다.

칸은 또다시 황금 공주에게 푹 빠져 하루 종일 유르트에 앉아 시간을 보냈다. 저녁이 되자 공주는 유르트의 문을 닫아 달라고 칸에게 부탁했다.

칸이 문을 잡을 때 공주는 또다시 마술을 부렸다. 밤새 칸은 문가에 서 있을 수밖에 없었다.

겨우 아침이 돼서야 문에서 벗어날 수 있었다. 황금 공주는 차를 따르며 물었다.

"어제는 왜 안 주무셨어요?"

"밤새 못된 사람들이 유르트를 두드리지 못하게 문을 지켰소." 칸은 또다시 거짓말을 했다.

셋째 날 저녁 황금 공주가 칸에게 말했다.

"칸 어른, 담배 한 대 피우고 주무세요. 이틀이나 못 주무셨는데."

칸이 담뱃대를 집어 연기를 뿜으며 담배를 피우려 하자 공주는 그에게 또 마술을 부렸다. 그는 또다시 밤새 화롯가에 서 있었다. 아침이 돼서야 담배를 뗄 수 있었다.

황금 공주가 차를 따르며 물었다.

"왜 밤새 담배를 피우셨어요?"

"유르트가 따뜻하라고 화롯가를 지켜봤소." 또다시 거짓말을 한 칸은 하루 종일 황금 공주에게서 눈을 떼지 못한 채 시간을 보냈다.

"사흘이 지났습니다. 이제 오스큐스 올이 오겠죠. 칸 어른께서 저를 잘 돌봐 주셨다고 얘기할게요." 이렇게 말하면서도 공주 자신은 웃고 있었다.

창피를 당한 칸은 말에 올라타 전력을 다해 마을로 달려갔다. 유르트에 들어가 오스큐스 올에게 소리를 쳤다.

"썩 꺼져 버려, 쓸모없는 놈아! 내일 네놈과 전쟁을 치를 테다!"

슬픔에 가득 찬 오스큐스 올이 집으로 돌아왔다. 황금 공주는 칸을 어떻게 혼내 주었는지 이야기했다. 오스큐스 올은 호탕하게 웃었지만 칸의 협박을 떠올리자 다시 우울해졌다.

"무슨 일이에요, 오스큐스 올?" 공주가 그에게 물었다.

"내일 카라티 칸이 내게 전쟁을 치르러 온답니다."

"얼른 황금 호수에 가서 달라이 칸에게 도움을 청해요!" 황금 공주가 소리쳤다.

오스큐스 올은 황금 호수로 달려가 도움을 청했다.

달라이 칸은 그의 부탁을 들어주었다. 호수에서 칸의 하인이 흑마를 타고 나와 오스큐스 올에게 철궤를 주었다.

어리둥절해진 오스큐스 올은 '카라티 칸과 전쟁을 치르는데 대체 이 작은 궤가 무슨 쓸모가 있단 말인가'라고 생각했다. 그러면서 황금 공주에게 가져다주었다.

여명이 밝아 오고 산꼭대기가 태양으로 붉게 물든 이른 아침 오스큐스 올은 시끄러운 소리를 듣고 유르트에서 나왔다. 카라티 칸의 병사가 벌써 도착해 그의 마을을 둥글게 에워싸고 있었다. 황금 공주에게 말하자 그녀가 그를 안심시키며 말했다. "걱정 마세요. 앉아서 차나 마셔요."

시간이 얼마 흐르자 말소리가 더 요란스러워졌다. 유르트에서 다시 나와 보니 카라티 칸의 병사가 그의 마을을 두 겹으로 둘러싸고 있었다.

큰 소리로 황금 공주에게 알리자 또다시 그녀가 안심시키며 말했다.

"걱정 마세요. 차나 드셔요."

오스큐스 올이 잔을 모두 비우기도 전에 말소리는 이전

보다 훨씬 더 커졌다. 오스큐스 올이 마치 화살처럼 허겁지겁 유르트에서 뛰어나와 보니, 카라티 칸의 병사가 그의 마을을 세 겹으로 둘러싸고 있었다. 그러자 오스큐스 올이 소리쳤다.

"황금 공주! 카라티 칸의 병사가 우리를 세 겹으로 둘러쌌어요!"

"자, 이제 시간이 됐네요." 이렇게 말하며 황금 공주는 철궤를 열었다.

그러자 철궤에서 철갑을 두른 용사들이 붉고 검은 몽둥이를 들고 나오기 시작했다.

"카라티 칸 부대를 쫓아가서 철궤에 넣어라!" 황금 공주가 철갑 용사들에게 명령을 내렸다.

오스큐스 올은 철갑 용사를 보자 안심하고 유르트에 들어가 차를 마저 마셨다.

철갑 용사들은 카라티 칸의 부대를 쫓아냈다.

오스큐스 올과 황금 공주는 오랫동안 행복하게 살았다.

단지에 든 죽

어느 늦겨울 저녁 부랑자 라마승이 걸어가고 있었다. 그의 어깨에는 기도서가 든 낡은 자루가 있었다. 라마승은 화로에서 연기가 모락모락 피어나는 몇몇 유르트를 바라보며 어느 유르트에서 더 맛있는 냄새가 나는지 코를 킁킁거렸다.

갑자기 밀죽 냄새가 진동하자 라마승은 가까운 유르트로 몸을 돌렸다.

그러자 개 한 마리가 라마승을 향해 컹컹 짖으며 그의 다리를 물었다.

라마승은 눈밭에 쓰러져 소리쳤다. "살려 주세요! 저 좀 구해 주세요…." 개에게서 벗어나려고 라마승은 필사적으로 싸웠지만 점점 더 깊이, 눈 속으로 힘없이 파묻혔다. 개는 그의 다리를 물고는 더 크게 짖어 댔다.

유르트에서 여주인이 뛰어나와 개를 쫓아내고, 뚱뚱하고 못생긴 라마승을 일으켜 그의 노란 외투의 눈을 털어 주었다. 유르트에 잠시 들어간 라마승은 되직한 밀죽이 끓고 있는 솥을 탐욕스러운 눈으로 바라보았다.

라마승은 가까이 앉아 염주를 굴렸다. 안주인은 불가에

서 분주하게 일했다. 그녀는 나무주걱으로 죽을 섞으며 소금을 듬뿍 친 후 나갔다.

조금 후 유르트로 소금통을 든 소녀가 들어와 죽 솥에 소금을 뿌린 후 능청스레 웃으며 나갔다.

얼마 지나자 집주인이 들어와 솥에 소금 한 사발을 넣더니 역시 문밖으로 나갔다.

배고픈 라마승은 성이 났다. '사람이 어떻게 저렇게 짠 죽을 먹을 수 있나? 소나 줘야지. 짠 음식이 소한테 좋다던데.'

식구들이 모두 모이자 안주인은 죽 그릇에 죽을 덜었다. 라마승이 눈살을 찌푸리며 말했다.

"저는 아주 조금만 주시오, 배가 부르거든요."

안주인은 작은 그릇에 죽을 덜어 그에게 주었다. 라마승이 먹어 보자 둘이 먹다 하나가 죽어도 모를 정도로 맛있었다. 죽에 넣은 것은 소금이 아니라 설탕이었다! 배고픈 라마승은 어떻게 죽을 먹었는지 기억도 나지 않았다. 모두들 배불리 먹었지만 라마승 혼자만 그렇지 못했다. 안주인은 남아 있는 뜨겁고 맛있는 죽을 긁어모아 단지에 옮겨 담아서 찬장에 올려놓았다.

곧 유르트의 모든 사람이 잠에 빠져들었다. 배가 고파 잠을 이루지 못하는 라마승은 흥분한 나머지 땀까지 흘렸다. 그가 조용히 일어나 죽이 든 단지에 손을 갖다 댔다. 단지가 여전히 뜨거워 라마승은 기쁨을 감추지 못했다. 그가 단지에 손을 넣어 죽을 한 움큼 쥐고 꺼내려 하자, 팔이 밖으로 빠지지 못하고 끼어 버렸다. 그는 단지를 무릎 사이에 끼워 놓고 손을 빼려 이리저리 움직여 봤지만 소용이 없었다. 그러면서 뜨거운 죽에 화상을 입어 아픔이 뼛속까지 느껴졌다.

라마승이 유르트에서 뛰어나와 두 손으로 단지를 검은 돌에 내리쳤다. 그러자 돌이 펄쩍펄쩍 뛰고 비명 소리를 내었다! 하지만 단지는 온전한 그대로였다.

라마승이 계속 달려가자 컴컴하고 넓은 언덕이 보였다. 단지를 언덕에 내리쳤지만 알고 보니 그것은 낙타였고, 낙타는 죽는다고 울며 이 무례한 자에게 침을 뱉었다! 그래도 단지는 또다시 그대로였다.

너무 놀란 라마승은 낙타에게서 도망쳤다. 도망치다 양떼가 있는 곳까지 달려왔고, 그는 이곳에서는 무슨 수를 써서더라도 죽이 든 단지를 깨뜨리고 싶었다. 기둥에 내리쳤지만 그만 목동들을 깨우고 말았다.

"도둑이야! 저놈 잡아라!" 그러면서 그에게 달려들었다.

라마승은 뒤도 돌아보지 않고 도망치다 너무 빨리 달려 숨이 차 결국 넘어져 죽고 말았다.

에르 사릭

수트 홀 호수가 아직 작은 웅덩이였던 옛날 옛적에, 한 가난한 춤에 연로한 어머니, 아들 에르 사릭과 아들의 말 에게 시르반이 살고 있었다. 에르 사릭은 항상 타이가에서 야생 동물을 사냥한 후 사냥감을 들고 집으로 귀가했다.

어느 날 아들이 사냥을 마치고 쉬고 있는데 어머니가 말했다.

"애야, 제발 부탁이다. 해가 지는 쪽으로는 가지 말거라. 네 아버지도 그곳에 갔다 결국 돌아오지 못했단다."

에르 사릭은 이 타이가가 어떤 곳인지 알고 싶어졌다. 그래서 사냥 간다면서 어머니에게 보통 때보다 더 많은 고기를 준비해 놓고, 아무 말도 하지 않은 채 해가 지는 방향으로 떠났다.

산꼭대기에 가서 아름다운 푸른 타이가 주위를 살펴보다 저 멀리 산 정상에 거대한 괴물이 있는 것을 발견했다. 에르 사릭은 검은 화살의 끝을 잘 간 다음 화살을 들고 아침부터 저녁까지 활쏘기 연습을 했다. 결국 검은 화살은 거대한 괴물의 심장 한가운데에 꽂혔다. 괴물이 몸부림치며 괴성을 지르자 그 외침으로 타이가는 불타기 시작했고, 나무가 쓰러지고 바위가 무너지자 화살에 관통한 괴물은 쓰러져 죽고 말았다.

집으로 돌아온 에르 사릭은 어머니에게 괴물을 물리친 이야기를 해 주었다. 용감한 청년으로 성장한 것에 크게 기뻐한 어머니는 그녀의 남편이 용사인 아들을 보지 못한 것에 탄식했다.

에르 사릭이 사냥을 가고 없던 어느 날 야생 오리 세 마리가 날아와 어머니에게 물었다.

“에르 사릭이 집에 있나요, 말 에게 시르반은 마구간에 있나요?”

깜짝 놀라 어머니는 칼로 코에 상처를 내었다. 아들이 어머니를 보자 물었다.

“코에 웬 상처예요?” 어머니가 대답했다.

“너무 놀라서 그랬다, 아들아. 저 호수에서 야생 오리 세 마리가 너에 대해서 묻더구나.”

에르 사릭이 사냥에서 돌아온 후 춤에서 쉬고 있을 때, 또 다시 야생 오리 세 마리가 날아와 물었다.

“에르 사릭이 집에 있나요, 말 에게 시르반은 마구간에 있나요?”

화가 난 에르 사릭은 화살을 쏘아 오리 한 마리의 발에 상처를 입혔다. 햇살이 좋은 어느 날 사냥을 다녀온 에르 사릭은 어머니에게 고기를 충분하게 준비해 놓은 후 다시 길을 떠났다. 도중에 그는 낙타지기 백발 영감을 만났다. 에르 사릭이 인사를 하고 낙타가 누구의 소유이며 한 마리를 잡아 먹어도 되는지 물었다.

영감이 대답했다.

"칸 어른이 이 사실을 아신다면 내게 안 좋은 일이 생길 거야."

그러면서 영감은 그에게 호전적인 낙타 한 마리를 잡도록 허락해 주었다. 에게 시르반을 탄 에르 사릭이 올가미를 가지고 호전적인 낙타에 바람처럼 날아올라 단숨에 베어 죽였다. 배불리 먹고 쉰 그는 발길을 옮겼다.

가다가 도중에 송아지를 지키는 백발의 목동을 만났다. 에르 사릭이 인사하자 영감은 송아지를 칸의 마을로 몰아 달라고 부탁했다. 에르 사릭이 송아지를 강 건너 다리로 몰았지만, 송아지들은 사방으로 뿔뿔이 흩어져 버렸다. 그는 말에서 내려 송아지를 잡아 한쪽으로 끌고 갔지만 또다시 이리저리로 도망쳐 버렸다. 그 자리에 주저앉은 에르 사릭은 어찌해야 할지 몰라 어리둥절했다.

그때 칸의 부인이 유르트에서 나와 말했다.

"'칸의 가축들아, 물이 얕은 쪽으로 강을 건너가거라'라고 말하는 게 뭐가 그리 어렵다고 저러고 있나."

에르 사릭이 그녀의 말을 따라하자마자 송아지들은 사이좋게 줄지어 달리기 시작했다.

송아지를 몰아 칸이 있는 유르트로 들어갔다. 칸은 눈꺼풀이 바로 코에까지 드리워 있어 몰골이 흉했다. 칸이 손가락으로 눈꺼풀을 들어 올리며 그를 바라보고는 하인에게 버터유를 주라고 말했다. 에르 사릭이 나무잔을 모두 비우자 칸의 부인이 들어와 소젖을 아직까지 짜지 않았다고 소리를 질러댔다.

에르 사릭은 밖으로 나와 젖을 짜기 시작했다. 소들은 음매음매 울었지만 젖은 나오지 않았다.

칸의 부인은 그가 소의 젖을 오랫동안 짜고 있는 것이 못마땅했다.

"대체 '흘러라, 흘러, 칸의 소유물들아', 이 말을 왜 못 하는 거야? 혀가 굳어 버렸나?"

에르 사릭이 이 말을 따라 하자 양동이를 갖다 대기가 무섭게 젖이 흘러내렸다. 에르 사릭이 유르트에 들어가 칸의 발밑에서 잠을 자려고 자리를 정돈했다.

그러자 칸이 소리쳤다.

"내 발꿈치를 핥지 않으면 나더러 어떻게 자라는 거야?"

에르 사릭은 마당에 뛰어가 죽은 소의 혀를 가져와 칸의 발꿈치를 닦기 시작했다. 칸이 고함을 질렀다.

"네 혀가 왜 그리 딱딱한 것이냐, 못된 놈아?"

에르 사릭이 대답했다.

"칸 어른, 버터유를 마셨는데 부드럽겠습니까요?"

칸이 그에게 크림을 마시라고 명했다. 그러자 에르 사릭은 마당에 가서 죽은 강아지를 발견하고는 좁고 긴 혀를 베어 칸의 발꿈치를 닦았다. 칸은 좋아하며 잠들었다.

에르 사릭은 칸의 마을에 남아 살기로 했다. 칸의 막내딸이 마음에 들었고 그녀 또한 에르 사릭을 좋아해 둘은 결혼하기로 약속했기 때문이다. 그러나 이 일을 알게 된 칸은 크게 화내며 둘을 허름한 춤에 가둬 버렸다.

어느 날 칸이 일곱 사위를 불러 놓고 말했다.

"타이가에 가서 암말을 찾고 또 새끼 말을 구하라. 암말이 삼 년 후 새끼 말을 낳자마자 거대한 새 칸 헤레티가 어디론가 데려갈 거야."

사위들은 말이 끝나기가 무섭게 말을 타고 떠났다. 에르 사릭도 몰래 말을 타고 출발했다. 타이가에 도착해서 보니 사위들이 깊은 잠에 빠져 있었고, 암말이 나란히 풀을 뜯고 있었다. 에르 사릭은 몸을 숨겼다. 암말이 새끼 말을 낳자마자 거대한 새 칸 헤레티가 날아와 낚아채더니 달아났다. 에르 사릭은 뒤쫓아 가며 활을 쏘았지만 명중시키지 못하고 새의 빛나는 깃털에 상처만 입혔다. 마을로 돌아온 그는 이

깃털을 칸의 막내딸이자 자신의 부인에게 선물했다. 언니들이 이 사실을 알게 되자 칸에게 일러바쳤다.

칸은 다시 일곱 사위를 불러 말했다.

“칸 헤레티 새를 내게 데려오게.”

사위들은 곧바로 말을 타고 달려갔고 에르 사릭도 자신의 말 에게 시르반을 타고 비밀리에 길을 떠났다.

오랜 시간이 흘렀다. 성에가 말발굽 아래에서 뽀드득 소리를 내면 겨울이 온 것을 알았고 이슬이 발을 적시면 여름인 줄 알았다.

마침내 지하세계에 도착했다. 큰 호수 가운데 있는 섬에는 은백양 나무 세 그루가 자라고 있었고 그 나무에는 새끼 새들의 둥지가 있었다.

에르 사릭이 나무 밑에서 잠이 들었다. 바로 이때 호수에서 괴물 만기스가 나왔다. 새끼 새들이 소리를 질러 대자 에르 사릭은 잠에서 깼다. 만기스가 그를 보자 기뻐하며 말했다.

“이리 오렴, 내가 널 먹어 주마.”

에르 사릭이 주저하지 않고 괴물에게 다가간 후 괴물의 입으로 들어가 목구멍에 가로로 서자, 만기스가 살려 달라고 애원했다.

“날 괴롭히지 마라, 이놈아.”

에르 사릭은 날카로운 칼을 휘두르며 밖으로 나왔고 만기스는 곧바로 죽고 말았다.

하늘이 어두워지고 비가 쏟아지자 새끼 새들은 "너희 괜찮니, 내 새끼들아?"라고 묻는 어미 새의 목소리를 들었다. 새끼들이 모두 다친 곳 없이 멀쩡한 것을 확인한 어미 새는 기뻐하며 말했다.

"내 원수 만기스를 죽인 사람이 누구십니까, 어서 나오세요!" 에르 사릭이 숨어 있던 곳에서 나와 말했다.

"바로 접니다, 에르 사릭입니다. 얼룩암말의 새끼 말을 데려가려고 당신께 왔습니다. 칸이 저를 보냈거든요."

칸 헤레티가 말했다.

"그렇군요, 그 말들은 내 것인데 당신께 주고 모셔다 드리지요. 곧 길을 떠나니 음식 자루를 준비하세요."

에르 사릭은 시킨 대로 했다. 새들이 날아갈 때 그는 새들 입에 음식 조각을 던져 주었다.

마침내 칸의 영지에 도착했다. 칸 헤레티가 말했다.

"내 콧구멍을 열어 보세요."

에르 사릭이 시키는 대로 하자 거기서 멋진 말들이 아홉 마리 나왔고 에르 사릭은 말들과 길을 떠났다.

돌아오는 길에 에르 사릭은 동서들을 만났다. 그들은 배가 너무 고픈 나머지 자기 말들을 이미 잡아먹었다. 그를 만나 기뻐하며 귀빈을 대하듯 흰 양탄자에 앉도록 권했다. 에르 사릭은 자리에 앉자마자 윗동서들이 미리 준비한 깊은 구덩이에 빠지고 말았다. 그리고 그들은 에르 사릭의 아홉 마리 멋진 말을 칸에게 몰았다. 칸은 연회를 열어 사위들이 얼마나 훌륭한지 입에 침이 마르도록 칭찬했다. 그리고 칸의 딸들도 자기 남편을 자랑스러워했고 평범한 목동의 부인인 막냇동생을 비웃었다. 다음 날 아침 에게 시르반이 달려와 말했다.

"사위들이 주인님을 깊은 구덩이에 빠뜨렸어요."

에르 사릭의 부인은 긴 밧줄을 가지고 길을 나섰다.

도착해 보니 정말로 에르 사릭이 깊은 구덩이 바닥에 앉아 있었다. 부인은 남편에게 밧줄을 던져 꺼내 주었고 둘은 함께 한 말을 타고 칸의 마을로 향했다.

"장인어른, 제가 멋진 말로 자란 당신의 새끼 말을 끌고 왔습니다." 에르 사릭은 말을 찾는 동안 어디에 갔고 무엇을 보았는지 말해 주었다. 그의 말을 믿지 않는 칸이 마을 주민을 모두 소집했다.

"누가 정말로 상을 받아야 할지 이제 알아볼 것이다. 너희가 화살을 쏘면 화살이 승리자를 피해 갈 것이고 사기꾼을 벌할 것이다. 하늘 위로 쏘아라!" 칸이 명령했다.

일곱 사위가 하늘에 쏜 화살은 그들을 향해 곧장 떨어지더니 몸을 관통하고 말았다. 마지막으로 에르 사릭이 자신의 화살을 하늘로 쏘았지만 화살은 자기 바로 앞에 떨어져 박혔다.

칸은 에르 사릭에게 가축과 재산을 반씩 나누어 주었다.

착한 에르 사릭은 아름다운 부인과 함께 재물을 가지고 어머니가 계신 고향으로 돌아갔다. 그리고 이 땅에서 천수를 누리며 행복하게 살았다.

헤베릭

옛날 옛적에 가난한 노인과 세 아들이 살고 있었다. 죽음이 다가오자 노인은 세 아들을 불러다 마지막 말을 했다.

"마지막 날이 왔구나. 내가 죽거든 너희는 사흘 밤을 차례대로 나와 보낸 후 아르자이티산 고개에서 장례를 치러라."

두 형들은 아버지의 말씀대로 하겠다고 노인을 안심시켰다. 그러나 막내아들은 늙은 아버지가 가여워 아무 말 없이 조용히 웃옷 소매로 눈물만 훔쳤다.

다음 날 노인이 죽었다. 형제는 산고개로 시신을 옮겼다. 밤이 되자 큰형은 아버지에게 가기가 귀찮아졌다. 그래서 헤베릭에게 말했다.

"나 대신 그곳에서 시간을 보내라, 그럼 그 대가로 새 외투를 주마."

헤베릭이 산으로 갔다. 아버지 곁에 앉아 눈물을 흘리며 슬퍼하는데 갑자기 아버지가 고개를 들더니 물었다.

"내 큰아들이 맞느냐?"

"아니요, 아버지. 저는 막내 헤베릭이에요."

"큰아들에게 할 말이 있었는데 그 애가 없으니 네게 말해야겠구나. 첸게 카라 강가에 사릭 하야라는 노란 바위가 우뚝 솟아 있단다. 필요할 때 가서 외쳐라. '사릭 하야, 열려라, 열려라'라고 말이야. 그러면 사릭 칼찬이라는 말과 노란 비단으로 만든 긴 외투, 노란 이디키와 검은담비로 만든 모자를 찾을 수 있을 것이야."

아침에 유르트로 돌아온 헤베릭이 큰형에게 약속한 웃옷을 달라고 했지만 형은 그를 때리고 쫓아냈다.

둘째 날 밤이 되었다. 작은형 역시 산고개에 가기가 싫어졌다. 헤베릭에게 부탁했다.

"우리 큰형은 못됐어. 널 속이고 때렸잖아. 오늘 밤 나대신 아버지 곁을 지켜 다오. 그럼 내가 외투 두 벌을 줄게."

헤베릭은 작은형의 말에 동의하고 대신 산으로 갔다. 아버지 곁에 앉아 슬픔에 잠겼다. 갑자기 노인이 고개를 들며 물었다.

"네가 내 작은아들이냐?"

"아니요, 아버지. 저는 막내 헤베릭이에요."

"작은아들에게 할 말이 있었는데 그 애가 안 왔으니 네게 말해야겠구나. 카라강 기슭에 후렌 하야라는 밤색 바위가 우뚝 솟아 있단다. 필요할 때 가서 외쳐라. '후렌 하야야, 열려라, 열려라'라고 말이야. 그러면 후렌 칼찬이라는 말과 밤색 비단으로 만든 긴 외투, 밤색 이디키와 검은담비로 만든 모자를 찾을 수 있을 것이야."

아침에 헤베릭이 작은형에게 외투를 얻기 위해 유르트에 갔지만 작은형은 큰형보다 더 세게 때린 후 쫓아냈다.

셋째 날 밤이 왔다. 아버지 곁에 앉은 헤베릭이 슬픔에 빠져 있을 때 갑자기 노인이 고개를 들더니 물었다.

"네가 막내냐?"

"예, 아버지. 저는 헤베릭이에요."

"너만이 내 뜻을 지켜 주었구나. 너는 나처럼 장수할 것이고 네겐 항상 행운이 따를 것이다. 카라강 기슭에 카라 하야라는 검은 바위가 우뚝 솟아 있단다. 필요할 때 가서 외쳐라. '카라 하야야, 열려라, 열려라'라고 말이다. 그러면 카라 칼찬이라는 말과 검은 비단으로 만든 긴 외투, 검은색 이디키와 검은담비로 만든 모자를 찾을 수 있을 것이야. 이 모든 것이 네 것이란다, 내 아들아."

헤베릭이 아르자이티 산고개에 아버지를 묻고 얼마 후에 일어난 일이다. 어느 날 헤베릭은 형들의 이야기를 우연히 엿듣게 되었다.

"내일 쿠르부스투 칸의 마을에서 시합이 있대. 승리한 자에게 황금 공주인 막내딸을 준대." 큰형이 작은형에게 말했다.

"거기 가 보자, 어쩌면 운 좋게 우리가 하늘의 세 계단을 뛰어넘을 수도 있잖아."

헤베릭은 형들에게 자기도 데려가 달라고 부탁했다. 형들이 비웃으며 말했다.

"야, 뭘 바라는 거야, 이 바보야! 유르트에 남아 누더기 옷으로 네 몸이나 잘 숨겨라."

형들이 시합에 떠나자 헤베릭은 사릭 하야에게 달려가 소리쳤다.

"사릭 하야, 열려라, 열려라!" 그러자 노란 바위가 열리고 헤베릭은 동굴 안에 있는 사릭 칼찬과 안장에 노란 외투와 노란 이디키, 담비 모자를 발견할 수 있었다. 옷을 잘 차려입은 헤베릭이 말을 타고 칸의 마을로 갔다. 군중이 멀리서 달려오는 말 탄 기수를 보고 길을 내주자 헤베릭은 하늘의 세 계단을 날아 되돌아왔다. 어디서 이런 용사가 나타났는지 모두들 놀랄 뿐이었다.

헤베릭은 사릭 하야에 말 사릭 칼찬과 옷을 숨기고는 자신의 허름한 누더기를 입고 유르트에 돌아와 형들이 돌아오기를 기다렸다. 형들이 자기들끼리 하는 얘기가 들렸다.

"대체 그 젊은이가 누굴까? 아마도 어떤 부자 칸의 아들이겠지."

헤베릭이 웃으며 형들에게 말했다.

"거참, 저였어요, 헤베릭이요."

형들은 헤베릭의 말을 믿지 않고 자기들을 놀리는 것이라고 생각했다. 그러고는 헤베릭을 때리며 말했다.

"먼저 코나 닦아라, 이 멍청아!"

다음 날 형들이 쿠르부스투 칸의 마을로 가자 헤베릭은 후렌 하야로 달려가 소리쳤다.

"후렌 하야야, 열려라, 열려라!" 그러자 밤색 바위가 양쪽으로 갈라지며 열렸다.

동굴 안에서 헤베릭은 후렌 칼찬과 안장에 밤색 외투, 이디키와 담비 모자를 발견했다. 옷을 차려입은 헤베릭은 칸의 마을로 질주하기 시작했다. 놀란 군중이 길을 터 주자 헤베릭은 하늘의 다섯 계단을 날듯이 달려 되돌아왔다.

하루 종일 밤색 말을 탄 청년에 대한 이야기뿐이었다.

한편 헤베릭은 후렌 하야에 말 후렌 칼찬과 밤색 옷을 감추고 낡은 옷을 입은 후 돌아와 형들을 기다리고 있었다. 화가 나 돌아온 형들의 눈은 질투로 불타고 있었다. 헤베릭을 비웃으며 물었다.

"오늘 하늘의 다섯 계단을 날아오른 사람이 너 아니냐?"

"물론 저 헤베릭이지요, 그 누가 할 수 있겠어요?" 헤베릭이 형들에게 답했다.

그러자 형들은 그에게 달려들어 주먹으로 때리며 분풀이를 했다. 때리며 말했다.

"먼저 코나 닦아라, 이 멍청아!"

헤베릭은 '그래요, 형들. 내일 내가 따끔하게 혼내 줄 테니 두고 보세요'라고 속으로 생각했다.

다음 날 아침 형들이 시합에 떠나자 헤베릭은 카라 하야에 서둘러 가 소리쳤다.

"카라 하야야, 열려라, 열려라!" 검은 바위가 양쪽으로 열렸다. 동굴 안에는 말 카라 칼찬과 안장에 검은 외투, 이디키와 담비 모자가 있었다. 잘 차려입은 헤베릭은 칸의 마을로 쏜살같이 달려갔으며 도중에 버드나무 가지를 꺾었다.

멀리서 검은 말을 탄 사람이 모습을 드러내자 군중은 웅성거리며 길을 내주었다. 헤베릭은 달리며 하늘의 일곱 계단을 날아 다시 땅으로 내려오면서 자신의 형들을 찾아보았다. 그는 군중 속에서 그들을 찾아 나뭇가지로 후려치기 시작했다. 형들이 고함을 치며 용서를 구했지만 헤베릭은 모른 채 계속 때리며 말했다.

"동생을 화나게 하지 마라, 동생을 화나게 하지 마라."

그때 황금 공주가 나타나자 모두들 자리에서 그녀를 감탄하며 넋을 잃은 채 바라보았다. 황금 공주는 자신의 반지를 그에게 내밀며 내일 연회에 초대했다.

마치 날개로 하늘을 날듯 헤베릭이 다시 자리를 떴다. 그는 말 카라 하야와 검은 옷을 감추고 자신의 낡은 옷으로 갈아입은 채 형들을 기다리기 시작했다. 형들은 겨우 안장을 붙들고 멍 자국과 혹을 만지며 왔다. 헤베릭이 그들에게 물었다.

“오늘은 왜 그리 우울해요, 형들? 형들, 하늘의 일곱 계단을 날아 오른 게 바로 저였잖아요.”

형들은 헤베릭을 때리고 싶었지만 검은 말을 탄 사람이 한 말을 기억하고는 맘을 고쳐먹었다.

다음 날 많은 신랑감 후보들이 칸의 마을에 속속히 도착했다. 헤베릭 역시 와 있었다.

신랑감 후보자들은 한 사람씩 황금 공주가 있는 흰 유르트 안으로 들어가자마자 밖으로 나왔다. 칸의 딸은 그들 중 한 사람도 멈추게 하지 않았다. 마지막으로 유르트에 들어간 사람은 헤베릭이었다. 황금 공주가 그의 손에서 자기 반지를 발견하고는 헤베릭을 칸에게 데리고 갔다.

“이분이 제 남편감이에요.” 그녀가 모두 앞에서 말했다. 칸의 일행은 헤베릭을 보고 비웃었다. 그중 칸의 큰사위들이 더 크게 웃었다.

“저런 누더기 입은 사람이 우리와 친척이 된다니!”

“이 사람이 내 사위라고? 내 막내딸이 이런 남편을 고를 거라고는 생각해 본 적도 상상해 본 적도 없다.”

그러고는 칸은 마을에서 멀리 떨어진 곳에 작은 유르트

를 짓도록 명령했다. 그곳에 황금 공주와 헤베릭이 살도록 했다.

얼마 후 쿠르부스투 칸이 사위 셋을 불러 말했다.

"황금 시베리아 큰 사슴을 잡아 오도록 멀리 가 보아라."

곧바로 큰 사위들은 말을 타고 멀리 떠났지만 헤베릭이 칸에게 말했다.

"저는 말이 없어서 타고 갈 것이 없습니다. 대신 치어나 잡고 큰솔나리나 주우러 가겠습니다."

칸은 격노했고 황금 공주는 남편이 창피해 고개를 들지 못했다.

그러나 헤베릭은 몰래 사릭 하야로 가서 말 사릭 칼찬을 끌고 노란 옷으로 갈아입은 후 먼 땅으로 떠났다. 그는 그곳에서 황금 사슴을 잡았다.

돌아오는 길에 헤베릭은 칸의 큰사위들을 만났다. 그들은 모닥불 옆에 굶주린 채 앉아 양고기 대신 자기들 이디키 신발 바닥을 굽고 있었다.

헤베릭은 그들을 모르는 척하며 물었다.

"어디서 오신 분들이오? 당신의 농장과 마을은 어디인가요?"

"우리는 쿠르부스투 칸의 사위들이오. 어른께서 황금 사슴을 잡으라고 저희를 보냈죠. 오랫동안 찾아봤지만 음식은 떨어지고 말들은 지쳤소. 당신을 만나게 돼 다행입니다. 저희에게 황금 사슴을 주십시오."

"그럼 그 대신에 제게 뭘 주시겠소?" 헤베릭이 물었다.

사위들은 사슴 대신에 많은 재물과 가축을 제안했지만 헤베릭은 모두 거절했다.

"자기 발가락을 자르는 사람에게 사슴을 주겠소."

그러자 큰사위가 발가락을 잘라 헤베릭에게 건넸다. 헤베릭은 발가락을 수건에 싼 후 사릭 하야로 떠났다. 그리고 옷을 갈아입고 느긋하게 치어를 잡고 큰솔나리를 주웠다.

그가 유르트로 돌아오자 황금 공주는 그를 비난하기 시작했다.

"당신은 게으름뱅이예요, 헤베릭. 당신이 치어나 잡고 큰솔나리나 주울 동안 큰형부는 황금 사슴을 잡았다고요."

"누가 진짜 황금 사슴을 잡았는지 아직 모르지. 큰형님인지 나 헤베릭인지." 부인에게 이렇게 대답하고는 잠자리에 들었다.

얼마가 지나자 칸이 또다시 사위들을 불러 놓고 말했다.

"먼 길을 떠나 황금 순록을 잡아 오너라."

사위들은 즉시 먼 길을 떠났지만 헤베릭은 하품을 하며 칸에게 말했다.

"저는 말이 없어서 타고 갈 것이 없습니다. 치어나 잡고 큰솔나리나 주우러 가겠습니다."

칸은 격노했고 황금 공주는 수치심에 눈물을 흘렸다. 그러나 헤베릭은 몰래 후렌 하야로 가서 말 후렌 칼찬을 끌고 밤색 옷으로 갈아입은 후 먼 땅으로 떠났다. 그는 그곳에서 황금 순록을 잡았다.

돌아오는 길에 헤베릭은 칸의 사위들을 만났다. 그들은 꺼진 모닥불 옆에 앉아 먹을 것도 떨어지고 땅 끝도 보이지 않은 것에 한탄을 하고 있었다. 그러다 황금 순록을 잡은 말 탄 기수를 보자 기뻐했다. 순록을 팔면 많은 재산과 가축을 주겠다고 했으나 헤베릭은 모두 거절했다.

"자기 발가락을 자르는 사람에게 사슴을 줄 것이오."

그러자 작은사위가 발가락을 자른 후 헤베릭에게 주었다. 헤베릭은 발가락을 수건에 싼 후 후렌 하야로 떠났다. 그리고 옷을 갈아입고 느긋하게 치어를 잡고 큰솔나리를 주웠다.

그가 유르트로 돌아오자 황금 공주는 또다시 남편에게 퍼부었다.

"에이, 당신은 쓸모없는 사람이에요, 헤베릭! 당신이 치어나 잡고 큰솔나리나 주울 동안 작은형부는 황금 순록을 잡았다고요."

"누가 황금 순록을 잡았는지 아직은 모르오. 작은형님인지 나 헤베릭인지." 부인에게 이렇게 대답하고는 깊은 잠에 빠졌다.

시간이 얼마 흐르자 칸이 또다시 사위들을 불러 놓고 말했다.

"먼 길을 떠나 황금 말을 잡아 오너라."

사위들은 즉시 먼 길을 떠났지만 헤베릭은 하품을 하며 칸에게 말했다.

"저는 말이 없습니다, 칸께서 제게 말을 선물로 주시지 않았잖아요. 먼 땅까지 타고 갈 게 아무것도 없지요. 그러니 저는 치어나 잡고 큰솔나리나 주우러 가겠습니다."

칸은 이전보다 훨씬 더 화를 냈고 황금 공주는 괴로워 눈물을 흘렸다.

헤베릭은 몰래 카라 하야로 가서 검은 옷을 입고 말 카라 칼찬을 타고 황금 말을 잡으러 먼 땅으로 떠났다.

헤베릭은 전속력으로 달려 샘물가에 몸을 숨겼다. 그는 황금 말이 물을 마시러 오기를 오랫동안 기다렸다. 마침내 헤베릭은 말을 올가미로 잡아 집으로 서둘러 갔다.

돌아오는 길에 헤베릭은 칸의 사위들을 만났다. 그들은 꺼진 모닥불 옆에 앉아 자기들 중 누가 칸의 재산과 가축을 가지게 될 것인지 말싸움을 벌이고 있었다. 그리고 황금 말을 끌고 오는 검은 말을 탄 기수를 보며 기뻐했다. 두 사람

모두 말을 위해서 모든 발가락을 자를 준비가 되어 있었지만 이번에는 헤베릭이 거절했다.

"황금 말은 나, 헤베릭이 당신들에게 주지 않을 겁니다. 제가 직접 칸에게 가져갈 거니까요."

당황한 사위들은 헤베릭을 위협했지만 그는 그들의 말을 들으려 하지 않았다. 그는 카라 칼찬을 카라 하야에 숨기고 낡은 옷으로 갈아입은 후 황금 말을 데리고 칸에게 도착했다. 그러나 먼저 도착한 사위들은 칸에게 헤베릭이 자기들이 잡은 황금 말을 훔쳐 갔다고 거짓을 고했다.

칸이 막내 사위를 심판하기 위해 일행을 소집했다.

"네 머리를 잘라야겠다. 너는 먼 땅에 가라는 내 명령을 세 번이나 어겼고 게다가 감히 내 사위들의 황금 말을 훔쳤으니 말이다."

헤베릭이 그의 말에 놀라는 기색 없이 침착하게 말했다.

"짐승을 베기 전에 그 피를 뽑는다고 했습니다. 그러니 사람을 죽이기 전에는 그의 말을 끝까지 들어 봐야겠지요."

"그럼, 말해 보거라. 마지막으로 네가 하고픈 말을 들어 보자." 칸이 허락했다.

"황금 사슴은 저 헤베릭이 잡았습니다, 큰형님이 아니고요. 사슴 대신 형님께서는 제게 발가락을 주셨죠."

"그게 사실이냐?" 칸이 큰사위에게 물었다.

"아닙니다! 아닙니다요!" 큰사위가 소리쳤다.

"이디키를 벗어라!" 칸이 명령했다.

큰 사위가 이디키를 벗자 발가락이 하나 없었다.

"이건 사냥할 때 다친 겁니다." 큰사위가 변명했다.

그러나 헤베릭이 수건을 펼치자 모두들 큰사위에게 부족했던 발가락 하나를 볼 수 있었다.

"그리고 황금 순록도 작은형님이 아니라 저 헤베릭이 잡았죠. 순록의 대가로 형님께선 제게 발가락을 주셨고요."

"그게 사실인가?" 칸이 작은사위에게 물었다.

"아닙니다! 아닙니다요!" 작은사위가 소리쳤다.

"이디키를 벗어라!" 칸이 명령했다.

사위가 이디키를 벗자 그 역시 발가락 한 개가 없었다. 작은사위이 변명을 늘어놓았지만, 헤베릭은 다른 수건을 풀어 모두에게 작은사위에게 없었던 나머지 발가락 하나를 보여 주었다. 망신을 톡톡히 당한 두 사위는 칸의 마을에서 쫓겨났고 칸은 막내 사위에게 재물과 가축을 나누어 주었다.

헤베릭은 사릭 하야에 가서 말 사릭 칼찬과 노란 옷과 말, 담비 모자를 가져와 큰형에게 주었다.

그리고 후렌 하야에 가서 그곳에 있던 모든 것과 말 후렌 칼찬을 가져와 작은형에게 주었다.

그런 다음 그는 카라 하야에 가서 말 카라 칼찬을 데려온 후 검은 비단 외투를 입고 검은 이디키를 갈아 신은 다음 담비 모자를 쓰고 유르트로 갔다. 황금 공주는 남편을 보자 그에게 용서를 구했다.

헤베릭은 그녀를 용서했고 두 사람은 오랫동안 행복하게 살았으며, 이것은 이야기로 전해져 마침내 여러분에게까지 오게 된 것이다.

황금 새

옛날 할아버지와 할머니가 살고 있었다. 어느 날 할아버지가 나무를 하러 숲에 갔다. 마음에 드는 키가 큰 나무를 고른 후 도끼로 찍어 내리려는 순간 갑자기 빈 나무줄기에서 황금 새가 튀어나왔다.

"제 나무를 베지 말아 주세요, 할아버지." 새가 말을 하자 할아버지는 너무나도 놀라 도끼를 땅에 떨어뜨릴 뻔했다.

간청하던 새는 할아버지가 원하는 모든 것을 들어주겠다고 약속했다.

"그럼 내 유르트로 장작을 가져가거라."

"알았어요, 할아버지, 장작이 할아버지 댁에 놓여 있을 거예요." 할아버지는 빈손으로 집으로 돌아왔다.

"장작도 없이 빈손으로 오면 어떡해요, 게으른 양반아?" 할머니가 그에게 물었다.

할아버지는 황금 새에 대해 이야기해 주었다.

다음 날 할머니와 할아버지는 낡은 유르트 주변에 장작더미가 쌓여 있는 것을 발견했다. 할아버지는 도끼를 허리에 차고 다시 숲에 갔다. 키 큰 나무에 다가가 도끼를 내려쳤다. 공동에서 튀어나온 황금 새가 물었다.

"뭐가 또 필요하신 거예요, 할아버지?"

"흰 유르트를 지어 다오." 할아버지가 말했다.

"알았어요, 할아버지, 흰 유르트가 할아버지한테 생길 거예요." 대답을 마친 새는 공동으로 몸을 숨겼다.

할아버지는 집으로 돌아왔다.

다음 날 할아버지와 할머니는 흰색의 큰 유르트에서 잠을 깼다.

할아버지가 다시 숲으로 갔다. 그가 키 큰 나무를 두드리자 황금 새가 튀어나와 물었다.

"필요하신 게 또 있어요, 할아버지?"

"흰 가축들이 있으면 좋겠다!" 할아버지가 말했다.

"알겠어요, 할아버지, 흰 가축들이 생길 겁니다." 대답을 하고 황금 새는 공동으로 자취를 감췄다.

할아버지는 유르트로 돌아왔다.

다음 날 할아버지와 할머니가 일어나자 유르트 주위에 어마하게 많은 흰 가축들이 있는 것이었다.

할아버지와 할머니가 수를 세기 시작했다. 하루 종일 가축을 세었지만 끝까지 셀 수가 없었다.

할아버지가 할머니에게 물었다.

"황금 새에게 뭘 더 부탁할까?"

"욕심 그만 부려요, 여보. 이제 모든 게 충분해요, 평생 부족할 게 없다고요."

"아이고 이 할망구야! 행운을 거절하다니. 난 하인들한테 명령을 내리는 칸이 되고 싶어, 당신은 칸 부인이 될 것이고."

"정신 차려요, 여보, 그런 멍청한 생각은 어서 떨쳐 버리시고요." 할머니가 할아버지에게 말했다.

그녀의 말을 듣지 않은 할아버지는 서둘러 숲에 갔다. 키 큰 나무를 도끼로 두드렸는데도 새는 나오지 않았다. 더 세게 때리자 이번에도 황금 새는 모습을 드러내지 않았다. 온 힘을 다해 세 번째로 내리치자 나무가 거의 베일 뻔했고 그는 새를 불러 보았다. 그러나 아무런 소용이 없었다. 화가 난 할아버지가 나무를 쓰러뜨렸고 공동을 모조리 찾아봤지만 새는 이미 그곳에 없었다.

집에 돌아온 할아버지는 할머니에게 있었던 일을 이야기해 주었다. 할머니는 욕심 많은 할아버지에게 오랫동안 욕을 퍼부었다.

다음 날 아침 노부부는 예전처럼 구멍 난 검은 유르트에서 눈을 뜨게 되었다. 분수를 모르고 과욕을 부린 할아버지가 자초한 결과였다.

칸의 귀는 당나귀 귀

옛날 옛적 테레 홀 호수 가운데에 섬이 있었는데, 그 섬에는 사람을 싫어하는 못된 칸이 큰 궁궐에서 살고 있었다. 넓은 궁궐은 칸과 칸의 부인 말고는 그 섬의 하인과 하인 마누라와 젊은 이발사만이 있어 매우 황량했다.

칸은 자주 섬을 떠나 마을을 돌아다니며 그곳에서 주민들의 송사를 판결하기도 하고 상벌을 내리기도 했다.

칸이 없는 동안 이발사 청년은 혼자 남았다. 그는 섬을 떠날 수 없었고 만일 위반할 시 죽음에 처하게 되었다. 그 이유는 오직 이 청년만이 칸의 비밀을 알고 있었기 때문이었다. 칸의 비밀은 비단 모자를 써 다른 사람들의 눈에 안 보이게 가린 당나귀 귀를 가졌다는 것이다. 칸은 이 청년에게만 모자를 벗어 이발을 하도록 허락했다. 청년은 하루 종인 혼자 큰 은백양 나무 밑에 앉아 슬픈 노래를 불렀다.

섬으로 새무리가 날아오면 그는 새들의 즐거운 노랫소리를 들었다. 호숫가에 작은 물고기들이 헤엄쳐 오면 그는 고기들의 장난을 넋을 잃고 바라보았다.

칸이 또다시 섬을 떠난 어느 날 청년은 고향이 너무도 그리워 참을 수가 없었다.

풀밭에 몸을 던지며 소리쳤다.

"이 몹쓸 인간, 칸의 귀는 당나귀 귀!"

그때 은백양 이파리가 "칸의 귀는 당나귀 귀!"라고 속삭이는 소리가 들렸다. 그러자 불어오던 바람이 "칸의 귀는 당나귀 귀!"라고 따라했다. 호수의 파도가 "칸의 귀는 당나귀 귀!"라고 웅성댔다.

깜짝 놀란 청년은 그들에게 부탁했다.

"조용히 해! 칸이 들으면 날 죽일 거야." 그러나 "칸의 귀는 당나귀 귀, 칸의 귀는 당나귀 귀!" 소리는 더욱 우렁차게 섬을 흔들며 멀리까지 울려 퍼졌다.

청년은 호수에 몸을 던졌다. 오랫동안 헤엄을 치자 지친 그는 천천히 바닥으로 가라앉았다. 그때 큰 대구 두 마리가 그에게 다가와 호숫가로 데려다주었다.

청년은 걸어가며 흥겹게 노래를 불렀다. "칸의 귀는 당나귀 귀, 칸의 귀는 당나귀 귀!" 이 노랫소리는 산과 타이가의 메아리가 되어 그를 뒤따라 다녔다.

섬으로 돌아온 칸은 오래된 은백양 나무가 "칸의 귀는 당나귀 귀, 칸의 귀는 당나귀 귀!"라고 속삭이는 소리를 들었다. 화가 난 칸이 청년을 불렀지만 어디에서도 찾을 수 없었다. 칸은 이발사 청년이 도망치려다 호수에 빠져 죽었다고 생각했다. 이제까지 그 누구도 강기슭까지 헤엄쳐 도망에 성공한 사람이 없었기 때문이다.

칸은 오래된 은백양 나무를 베어 버리라고 명령했지만 그래도 마음이 놓이질 않았다. 사방에서 "칸의 귀는 당나귀 귀, 칸의 귀는 당나귀 귀!"가 들렸다. 풀들도 속삭였고 새들도 노래 불렀다. 자제력을 잃은 칸은 호수 전체를 쓸어 버리고 꽃들은 짓밟았으며 새 둥지는 부숴 버렸다.

칸은 호숫가의 희고 큰 유르트로 이사했다.

편안해진 칸은 어떻게 하면 자기 비밀을 지킬 수 있을 것인가 고민에 빠졌다. 그는 하인들을 소집해 섬에 머무는 것을 금지했다.

"그곳에 악령들이 점령하고 있다네!" 칸이 그들에게 겁을 주었다.

어느 날 산에서 내려온 사냥꾼들이 타이가에서 여러 목소리로 "칸의 귀는 당나귀 귀, 칸의 귀는 당나귀 귀!"라고 반복하는 소리를 전했다.

이 이야기는 유르트마다 전해져 마침내 칸의 귀에까지 들어오게 되었다. 칸은 이발사 청년이 살아 있고 언젠가는 그의 비밀을 모두가 알게 될 것임을 깨달았다. 그리고 실제로 그렇게 되었다.

주민들이 모두 모여 칸의 비단 모자를 벗기자 칸의 귀는 정말로 긴 당나귀 귀였다.

노인들이 칸의 앞으로 나가 말했다.

"당신은 늑대 심장과 당나귀 귀를 가졌소. 그래서 우리의 칸이 될 수 없으니 당장 꺼지시오!"

이렇게 주민들은 당나귀 귀의 칸을 내쫓았다. 이 사건은 아주 나이 많은 두 마리 대구만 기억하고 있어 그 누구에게도 전달할 수가 없었다. 그러나 바람이 불 때면 테레 홀 호수의 파도 소리에서 "칸의 귀는 당나귀 귀, 칸의 귀는 당나귀 귀!"라는 소리가 들린다고 한다.

곰 아들

가난한 여인이 숲에서 나뭇가지를 모으고 있었다. 갑자기 곰이 나타나 그녀를 붙잡아 동굴에 처넣은 후 큰 바위로 입구를 막아 버려 여인은 곰의 동굴에서 살게 되었다.

세월이 지나 그녀에게 아이가 태어났다. 소년은 하루가 다르게 무럭무럭 자랐다. 어느 날 아들이 어머니에게 물었다.

"왜 우리는 동굴에서 살아요, 어머니. 여기서 나가면 안 돼요?"

어머니가 그에게 대답했다.

"네 곰 아버지가 동굴의 입구를 바위로 막아 놔서 우리는 여기서 나갈 수가 없단다."

"사람이 곰이랑 사는 게 가당키나 해요?" 이렇게 말한 아들이 발로 바위를 내리치자 힘이 얼마나 세던지 바위가 산으로 굴러 떨어지고 골짜기 너머까지 날아가 버렸다.

곰 아들은 칼을 들고 어머니와 함께 동굴에서 나왔다. 사람들을 찾아보려고 곧장 북쪽으로 향했다. 걷고 또 걸어 마침내 호숫가에 도착했다. 이곳에 어머니를 위한 춤을 지은 곰 아들은 충분한 고기를 준비하고 낚시를 해 놓았다. 그러곤 어느 날 어머니에게 말했다.

"저기, 어머니, 제가 어디 좀 다녀올게요. 고기랑 생선이 떨어지면 숲 근처에 먹을 만한 뿌리들이 널려 있으니 찾아보시고요. 혹시 혼자 계시다가 아프시면 이 약으로 치료하세요." 그러면서 여러 종류의 약초를 건넸다.

다음 날 새벽 곰 아들은 먼 길을 떠났다. 그러다 마을에서 나무뿌리를 뽑은 후 돌을 찾아내 쌓고 있는 한 사람을 보게 되었다.

"뭐 하는 거요?" 곰 아들이 물었다.

"내 이름은 '산을 드는 자'인데 곰 아들과 싸우기 위해 힘을 기르고 있소." 그가 대답했다.

"내가 곰 아들이오. 한번 겨뤄 봅시다."

두 젊은이는 힘을 겨루기 시작했다. 두 달을 싸우고, 석 달 동안 힘을 겨루었다. 마침내 곰 아들이 '산을 드는 자'를 내던졌다.

"가축을 죽일 때 먼저 피를 뽑는 것처럼, 사람을 죽이기 전에는 마지막으로 말할 기회를 주지. 죽기 전에 하고 싶은 말이 있으면 하시오!" 곰 아들이 말했다

"그렇다면… 우리가 서로를 죽여서 좋을 게 뭐가 있겠소? 우리 의형제나 맺읍시다." 그가 제안했다.

두 사람은 의형제가 되었다.

함께 남쪽으로 길을 떠났다. 가는 도중에 나무를 뽑아 다른 곳으로 옮기는 사람을 만났다.

형제가 그에게 물었다.

"여보시오, 이름이 뭐요? 왜 이런 짓을 하는 거요?"

"내 이름은 '숲을 흔드는 자'요. 곰 아들과 싸우려고 힘을 기르는 중이라오." 그가 대답했다.

"내가 바로 곰 아들인데 누가 먼저 시작할까? 네가 할래? 아님 내가 할까?"

곰 아들과 '숲을 흔드는 자'가 싸우기 시작했다. 그들은 빛의 속도로 서로를 맞붙잡았다. 곰 아들이 '숲을 흔드는 자'를 잡고 두 달, 석 달 동안 그를 빙글빙글 돌렸다. 마침내 그를 내던지자 땅이 요동치고 하늘이 흔들거렸다.

곰 아들이 말했다.

"죽일 때 먼저 피를 뽑는 것처럼, 사람을 죽이기 전에는 마지막으로 말할 기회를 주지. 할 말 있소? 있으면 하시오."

"할 말은 없지만 셋이 형제가 되는 건 어떻소?" '숲을 흔드는 자'가 말을 마쳤다.

"그렇게 하자." 그러면서 곰 아들은 그를 일으켜 세웠다. 그들은 형제가 되었고 함께 길을 떠났다.

그러다 한 마을에서 그들은 일곱 개의 벽으로 막아 놓은 울타리와 그 안에서 놀고 있는 일곱 마리 양을 발견했다. 울타리 가까이에는 7인용 검은 솥이 있었다. 그들은 양을 기르며 이곳에 정착하기로 했다.

어느 날 곰 아들이 두 동생에게 말했다.

"곧 우리가 양을 모두 잡아먹겠어. 타이가에는 짐승이 많으니 내일 '숲을 흔드는 자'랑 사냥 다녀올게."

'산을 드는 자'는 혼자 남아 형제의 식사를 준비했다. 양을 잡아 음식을 만든 그는 형제를 기다리고 있었다. 바로 이때 땅속에서 구리 손톱을 가진 마녀 알비스가 올라와 고기를 가지고 쏜살같이 달아나더니 숨어 버렸다.

저녁이 되자 곰 아들과 '숲을 흔드는 자'가 아무런 수확 없이 집으로 돌아왔다.

"네 식사는 어디 있어?" 그들이 '산을 드는 자'에게 물었다.

"머리가 아파서 양고기를 충분히 자를 수가 없었어. 그래서 내 것은 못 만들었어." 그가 대답했다.

곰 아들이 말했다.

"내일은 '산을 드는 자'와 사냥에 갈 테니 네가 남아서 음식을 준비해라."

다음 날 두 형제가 사냥을 떠날 준비를 하고 있을 때 '산을 드는 자'가 '숲을 흔드는 자'에게 살금살금 다가가 조용히 말을 건넸다.

"양고기를 삶을 때 땅속에서 알비스가 올라와 네 식사를 가져갈 거야. 그래도 곰 아들에게는 아무 얘기도 하지 마."

곰 아들과 '산을 드는 자'가 사냥을 떠났다. '숲을 흔드는 자'는 양을 잡아 삶은 고기를 솥에서 꺼낸 후 형제가 오기를 기다렸다. 그때 알비스가 나타나 고기를 가지고 냉큼 사라졌다.

저녁이 되자 배고프고 피곤에 지친 곰 아들 일행이 빈손으로 귀가했다.

"네 고기는 어디 있니?" 그들이 물었다.

"복통 때문에 양을 많이 잡을 수가 없었어." 그가 대답했다.

"내일은 둘이 사냥하러 가, 음식은 내가 준비할 테니." 곰 아들이 말했다.

다음 날 '숲을 흔드는 자'와 '산을 드는 자'가 사냥을 하러 갔다.

곰 아들은 통통하고 기름진 양을 잡아 삶은 후 형제가 돌아오기를 기다리고 있었다. 그때 구리 손톱의 마녀가 땅속에서 올라와 고기를 먹으려 하자 곰 아들은 검은 칼을 집어 들어 마녀의 발을 찔렀다. 알비스는 나타날 때와 마찬가지로 재빨리 몸을 숨겼다. 곰 아들은 알비스가 남긴 양고기를 먹고 부드러운 뼈와 딱딱한 뼈를 뱉어 냈다.

저녁 무렵 '숲을 흔드는 자'와 '산을 드는 자'가 또다시 빈 손으로 돌아왔다.

곰 아들이 형제에게 말했다.

"너희 왜 날 속인거야? 구리 손톱과 구리 코의 마녀가 무서웠던 거야?"

"아이고, 형님, 너무 겁이 나서 형님한테 말을 못 한 거예요."

"내가 칼로 찔러 마녀가 다쳤으니 땅속에 내려가 볼게. 너희는 밧줄을 잡고 당분간은 여기서 기다려. 내가 세게 잡아당기면 그때 내려오고." 곰 아들이 말했다.

그는 백 미터가 넘는 긴 밧줄을 손에 들고 지하세계로 내려갔다.

지하에 도착하니 그곳엔 큰 유르트가 두 개 있었다. 한 유르트에 들어가자 알비스가 누워 있고 아리따운 공주 둘이 알비스 다리에 묶여 있었다.

곰 아들은 곧바로 마녀 알비스를 죽였다. 그리고 공주를 위로 올려 보내기 위해 밧줄을 잡아당겼다.

'숲을 흔드는 자'와 '산을 드는 자'가 밧줄을 끌어올렸다. 그러자 아름다운 두 공주가 모습을 드러냈다.

"저희를 곰 아들이 구해 줬어요."

'산을 드는 자'가 말했다.

"밧줄을 잘라, 곰 아들이 그곳에 남아 버리게."

"우리가 함께 살았으면 죽는 것도 함께해야지. 왜 밧줄을 자르는 거야?" '숲을 흔드는 자'는 그의 말에 반대했다.

그러자 '산을 드는 자'는 직접 줄을 잘라 버렸고 곰 아들은 아래로 떨어졌다.

'숲을 흔드는 자'와 '산을 드는 자'는 아름다운 공주들과 결혼하고 행복하게 지냈다.

그러는 동안 곰 아들은 지하 세계를 떠돌아다니고 있었다. 그러다 철로 만든 은백양 나무와 그곳에 있는 새끼 새 세 마리를 발견했다. 제일 큰 새는 울고 둘째는 노래하고 셋째 새는 잠을 자고 있었다.

곰 아들이 그들에게 물었다.

"왜 누구는 울고, 누구는 노래하고, 또 다른 새는 자고 있는 거니?"

"저희는 칸 헤레티의 새끼들이에요. 만기스가 오늘은 우는 새, 내일은 노래하는 새, 모레는 자는 새를 잡아먹는 대요."

"그럼 얘들아, 우리가 손도 못 쓰고 죽기만을 기다리는 뱀이 아니니 한번 싸워 보자. 내가 만기스와 싸워 볼게." 곰 아들이 말했다.

곰 아들은 검은 칼을 손에 들고 만기스가 나타나기를 기다렸다. 호수의 물결이 일기 시작하자 괴물이 은백양 나무 주위를 휘감으며 위로 모습을 드러냈다.

곰 아들은 검은 칼로 괴물의 여섯 머리를 모두 찔러 쓰러뜨렸다.

새들은 기뻐했다.

곧 칸 헤레티가 날아와 새끼 새들이 무사한 것을 보고 곰 아들에게 말했다.

"사악한 우리의 원수를 죽여 주셨으니 친구가 됩시다. 원하는 것이 있으면 무엇이든지 말해 주세요."

"나를 위로 올려 보내 주시오." 곰 아들이 부탁했다.

힘이 넘치는 칸 헤레티가 순식간에 그를 땅위로 데려다 주었다.

곰 아들이 집에 돌아와 보니 두 형제는 아름다운 공주들과 결혼해 함께 있는 것이 아닌가.

몹시 화가 난 곰 아들이 소리쳤다.

"'숲을 흔드는 자'와 '산을 드는 자'는 나오너라!"

두 형제는 큰 소리에 놀라 유르트에서 튀어나왔다.

"너희 중 누가 밧줄을 잘랐니?" 그가 소리쳤다. 두 사람은 서로를 비난하기 시작했다.

그러자 공주들이 말했다.

"'숲을 흔드는 자'는 밧줄을 자르지 말자고 했지만 '산을 드는 자'가 잘라 버렸어요."

'산을 드는 자'는 곰 아들의 칼에 목숨을 잃고 말았다. 곰 아들은 공주를 부인으로 삼고 '숲을 흔드는 자'와 함께 어머니가 계신 북쪽으로 떠났다.

한참을 두 공주와 함께 북쪽을 향해 걸어갔다. 마침내 그들은 곰 아들의 노모가 살고 있는 호숫가에 도착했다.

두 형제가 타이가에서 사냥을 하고 호수에서 낚시를 하니 식량이 넘쳐 나기 시작했다. 이렇게 그들은 행복하게 살았다고 한다.

지혜로운 부엉이

옛날 옛날에 새를 다스리는 칸과 화를 잘 내는 도도한 부인이 살고 있었다. 그녀는 원하는 모든 일을 했지만 칸은 그녀에게 입도 벙긋하지 못하며 주눅 든 채 지냈다. 어느 날 못된 칸의 부인은 새고기가 먹고 싶어졌다. 칸은 부인의 요구를 들어주라고 명령을 내렸다. 칸의 부인은 이미 많은 양의 새고기를 먹었는데도 부족한 모양이었다.

"이젠 부엉이고기가 먹고 싶어요." 그녀가 남편에게 말했다.

칸은 부엉이를 잡으러 몸이 빠른 매를 보냈다. 매가 부엉이를 찾은 후 칸의 명령을 전달했다.

"칸이 널 찾고 있어. 칸의 부인이 부엉이고기를 먹고 싶어 하거든."

잠시 생각에 잠긴 부엉이가 말했다.

"낮에는 날 수가 없어. 아무것도 안 보이거든. 밤에 간다고 칸에게 전해 줘."

매가 부엉이의 말을 칸에게 전달했다. 밤이 지나고 아침이 되어도 부엉이는 오지 않았다. 화가 난 칸의 부인은 남편을 나무랐다.

"당신이 새들의 칸인 게 맞기나 한 거예요, 부엉이가 나타나지도 않는데! 이러다가 내가 부엉이고기 맛이나 보겠어요?"

"곧, 곧 먹을 수 있을 거요. 곧 밤이 되면 부엉이가 올 테니 조금만 기다립시다." 칸이 부인에게 말했다.

낮이 지나고 또다시 밤이 지났지만 부엉이는 코빼기도 보이지 않았다.

한편 칸의 신하 새들은 칸의 부인과 눈이라도 마주칠까 숨을 죽이며 잔뜩 겁에 질려 몸을 사렸다. 혹시라도 칸 부인이 자신들을 주둥이로 쪼아 먹을까 두려웠던 것이다.

마침내 사흘째 밤이 지날 무렵 드디어 부엉이가 칸에게 나타났다. 격노한 칸이 부엉이에게 물었다.

"이 퉁방울눈의 못된 놈아, 내가 부른지가 언젠데 여태 꾸물거린 게야?"

"첫날밤에 큰 회의가 있어 거기에 갔어요. 그러다 보니 좀 지체된 거죠, 칸 어른." 부엉이가 침착하게 맞받아쳤다.

"거기서 무슨 일이 있었는데?" 칸이 관심을 보이며 물었다.

"활발한 논쟁이 있었어요. 폭풍우가 지나간 후에 쓰러진 나무와 굳건히 서 있는 나무 중 어떤 나무가 더 많을까에 대해서요."

"어떤 나무가 더 많은데?" 칸은 호기심이 발동했다.

"쓰러진 나무가 더 많죠, 칸 어른."

"왜 더 많지?"

"바람에 휘어진 나무가 많기 때문이죠. 휘어진 나무도 쓰러진 나무로 간주하거든요, 칸 어른."

"좋다, 그럼 둘째 날 밤엔 어디 갔지?" 칸이 부엉이에게 물었다.

"다른 중요한 회의에 갔다 늦어졌어요, 칸 어른."

"거기선 또 뭘 가지고 논쟁을 벌였는데?" 또다시 칸이 관심을 보였다.

"일 년 중 낮이 많을까 아니면 밤이 많을까 하고 논쟁을 했죠. 낮보다 밤이 많다는 결론이 났습니다."

"왜 그렇지?"

"해가 없는 흐린 낮도 밤으로 간주하거든요, 칸 어른."

"좋다, 그러면 오늘 밤엔 어디 갔지?"

"오늘도 칸 어른 마을에서 얼마 떨어지지 않은 곳에서 회의가 있었죠."

"거기선 또 무슨 논쟁을 벌였지?" 칸이 또다시 호기심을 보였다.

"지구상에 남자와 여자 중 누가 더 많을까 하고 토론이 벌어졌어요. 남자보다 여자가 많다고 결론을 내렸죠."

"왜 여자가 더 많지?" 칸이 놀라 물었다.

"어리석고 변덕스러운 일을 하는 남자는 남자로 여기지 않기 때문이죠, 칸 어른."

"그러면 이건 칸에게도 적용되는 건가?"

"그렇다고 할 수 있죠, 칸 어른." 부엉이가 겸손하게 대답하며 순종하듯 자기의 동그란 눈을 깜빡였다.

칸은 씩씩대며 생각에 잠겼다.

'공연히 마누라 말을 듣고 많은 새들을 죽였군.'

그 후로 칸은 부인을 위해 새 죽이는 것을 금지했다. 새들은 기뻐하며 지혜로운 부엉이에게 고마워했다.

해설

이 책에는 민담을 포함해 총 28편의 투바인 설화를 소개하고 있다. 그중에서 일상담은 18편으로 <코두르 올과 비체 키스>, <자작나무 처녀>, <어부 오스큐스 올>, <진실을 볼 수 있는 삼 형제>, <악 살 영감과 두주멧>, <세 가지 재주를 익힌 오스큐스 올>, <오를란 올과 체첸 키스>, <악 사기슈와 카라 사기슈>, <타이가 노래를 부른 오스큐스 올>, <흰 토끼>, <오스큐스 올과 딜기젝>, <아디간 영감님>, <영리한 자와 부자>, <엄지 소년>, <오스큐스 올과 황금 공주>, <단지에 든 죽>, <에르 사릭>, <칸의 귀는 당나귀 귀>가 실려 있다. 동물담은 4편으로 <게으른 부엉이>, <토끼가 양을 구한 이야기>, <용감한 염소>, <지혜로운 부엉이>가 있으며, 동물유래담은 2편으로 <새들이 말을 못 하는 까닭>, <고양이 선생>, 그리고 마법담은 4편으로 <안치 카라>, <헤베릭>, <황금 새>와 <곰 아들>이 실려 있다.

<코두르 올과 비체 키스>는 코두르 올과 비체 키스라는 젊은 연인의 사랑 이야기이고 <자작나무 처녀>와 <오

를란 올과 체첸 키스>는 여러 남자 중에서 신랑감을 고르는 이야기다. <자작나무 처녀>는 아름다운 흰 자작나무가 여인으로 변하자 자신을 발견하고 인형으로 만들어 준 첫째, 옷을 만들어 입혀 준 둘째, 먹을 것을 준 셋째와 자신을 사랑한 나머지 입을 맞춰 사람이 되게 해 준 막내 중에서 신랑감으로 누구를 선택하는 것이 올바른 것인지에 대한 이야기를 다루고 있다. <오를란 올과 체첸 키스>는 아름다운 아가씨 체첸 키스가 세상에서 가장 귀한 선물을 하는 사람과 결혼하겠다고 선언하자 세 명의 신랑감 후보자 중에서 그녀를 위해 자신의 모든 것을 바친 오를란 올을 선택하게 된다는 이야기다. <어부 오스큐스 올>은 한국의 '새털옷 신랑'과 동종설화로, 전반부는 '미녀와의 혼인→날려 간 초상화→빼앗긴 아내'의 모티프를 그리고 후반부는 '웃지 않는 미녀→걸인 잔치→옷 바꿔 입기'의 모티프를 다룬다. <진실을 볼 수 있는 삼 형제>는 자신들을 속이는 칸에게 진실을 알려 주는 삼 형제의 재주 설화이고 <악 살 영감과 두주멧>은 지혜로운 악 살 영감이 마음씨 고약한 이웃 마을 두주멧의 못된 버릇을 고쳐 준다는 이야기다. <세 가지 재주를 익힌 오스큐스 올>은 아버지의 유산인 말, 소와 염소를 주고 장기, 마술과 숫자 세기를 익힌 오스큐스 올이 잔꾀를 부리는 카라티 칸과의 내기에서 이겨 그 마을의 칸이 된다는 이야기다. <타이가 노래를 부른 오스큐스 올>은 고아인 오스큐스 올이 악 사르라는 말의 도움으로 멋진 청년이 되어 가는 과정을 그린 이야기다. 태어나자마자 부모를 잃은 오스큐스 올은 악 사르라는 말로부터 생존 방법을 배우며 자란다. 뛰어난 사냥꾼이 된 오스큐스 올은 투바인의 전통 창법인 호오메이를 아름답게 불러 바이 칸의 마음에 들어 그의 딸과 결혼을 하게 된다. <흰 토끼>는 한국의 '호랑이와 토끼' 이야기와 유사하며 흰 토끼가 꾀를 부려 위험에 처한 노인을 구하는 이야기다. <오스큐스 올과 딜기젝>은 카라티 칸의 양치기인 오스큐스 올이 붉은 여우 딜기젝의 재치 덕분에 빌릭 공주와 결혼하게 된다는 이야기다. 한국의 '김선달의 꾀'와 유사하고 악한 카라티 칸에게 벌을 준다는 의미에서 권선징악의 주제를 담고 있다. <아디간 영감님>은 한국의 '괴물에게 납치되어 간 세 미녀'와 유사하며, 딸이 실종되자 카라티 칸이 아디간의 아홉 아들의 도움을 받아 딸을 찾게 되는 이야기다. 다양한 능력을 지닌 아홉 형제가 카라티 칸의 딸을 찾아 길을 떠나 능력을 발휘해 괴물로부터 딸을 구출해 낸다는 이야기다. <영리한 자와 부자>는 영리한 아르갈릭이 부자 쿠출룩을 통쾌하게 속인다는 이야기다. <엄지 소년>은 가난한 카라 살 영감의 엄지 소년 에르겍테이가 카라티 칸이 준비한 어려운 시험을 지혜로 통과하게 되는 과정에 대한 이야기다. <오스큐스 올과 황금 공주>는 아버지의 유언에 따라 북쪽으로 길을 떠난 오스큐스 올이 황금 호수에서 금물고기를 잡은 어부와 자신의 자루를 바꾸면서 이야기가 시작된다. 금물고기는 다름 아닌 마법에 능한 황금 공주였다. 이웃 카라티 칸이 그녀를 빼앗으려 쳐들어오자 오스큐스 올은 황금 공주의 마법에 힘입어 칸과 병사들을 물리친다. <단지에 든 죽>은 한국의 '어리석은 호랑이'와 비슷하며 배고픈 라마승의 어리석음과 탐욕에 관한 이야기다. <에르 사릭>은 칸의 막내딸과 결혼한 에르 사릭이 만기스로부터 새의 왕인 칸 헤레티의 새끼를 구해 온다는 모험 이야기다. <칸의 귀는 당나귀 귀>는 광포설화로 한국의 '임금님 귀는 당나귀 귀'와 매우 흡사하다. <악 사기슈와 카라 사기슈>는 한국의 동종설화로 '혹부리 영감'을 들 수 있으며 착한 형 악 사기슈와 동생 카라 사기슈가 동물의 대화를 듣고 카라티 칸 마을에 닥친 불행을 해결한다는 이야기다. 동물들의 이야기를 엿들은 악 사기슈가 카라티 칸 마을의 문제를 해결해 주고 칸의 딸과 재산을 얻자 형의 행운에 질투가 난 카라 사기슈도 똑같은 방법을 시도했으나 도리어 위험에 처하게 되는데, 착한 형의 도움으로 목숨을 구하게 된다.

동물담 <게으른 부엉이>는 자기 할 일은 하지 않고 잠만 자는 부엉이의 이야기다. 숲속의 동무들이 둥지를 만드느라 바삐 일하는 동안 잠만 자면서 시간을 보내는 게으른 부엉이가 마침내 둥지를 만들겠다고 결심하지만 저녁에는 추워서, 아침에는 따뜻해서 잠을 자느라 결국 아무것도 못한다는 줄거리로, 한국의 '굶어 죽은 게으름뱅이' 설화와 유사하다. <토끼가 양을 구한 이야기>는 어미 양이 새끼 양과 보그도 부르칸에게 인사를 드리러 가던 중 늑대를 만나 잡아먹히는 상황에 처하게 되는데, 약속대로 새끼 양을 늑대에게 맡긴 채 사흘 후에 돌아온 어미양이 토끼의 묘책으로 한자가 쓰여 있는 봉투를 부르칸의 서신이라 속여 까막눈인 늑대를 혼내 준다는 이야기다. <용감한 염소>는 뾰족한 뿔과 긴 털을 가진 염소가 자신이 용감하다고 으스대는 늑대와 곰을 혼내 준다는 이야기로 한국의 '참새 기다리던 호랑이'와 비슷하다. <지혜로운 부엉이>는 부엉이가 부인 새의 말에 꼼짝 못하는 새의 왕에게 어리석음을 깨닫고 선정을 베풀도록 설득하는 이야기다.

동물유래담 <새들이 말을 못 하는 까닭>은 먹이를 서로 차지하겠다고 다툼이 벌어진 독수리와 매 때문에 새들의 왕을 뽑으려 하지만 합의에 도달하지 못한다는 이야기다. 새들이 자기가 왕이 되어야 하는 이유를 강력하게 주장하다 보니 서로의 말을 듣지 않자 요술 까마귀가 더 이상 말할 필요가 없다면서 말을 못 하게 만든다. <고양이 선생>은 쥐가 고양이를 무서워하게 되는 유래에 관한 이야기로 한국의 '고양이 목에 방울 달기' 설화와 유사하다.

마법담 <안치 카라>는 고아인 안치 카라가 까마귀를 통해 얻은 세 구슬을 삼키고 동물의 말을 알아듣게 되면서 이야기가 시작된다. 그가 백조들의 이야기를 엿들어 알게 된 치료법으로 칸의 딸을 고쳐 주고 슐부스를 죽인 후 칸의 사위가 되는 줄거리인데, 한국의 '쥐 소리 알아듣는 며느리'와 유사하다. <헤베릭>은 한국의 동종설화 '효성 어린 며느리'와 비슷하며 아버지의 유언을 묵묵히 이행하던 헤베릭에게 찾아온 행운과 모험에 관한 이야기다. <황금 새>는 한국의 '금도끼 은도끼'와 흡사한 이야기로 할아버지의 과욕이 불러온 불행에 관한 이야기다. <곰 아들>은 곰 아들의 의형제 맺기와 괴물 퇴치에 관한 이야기다. 어머니를 떠난 곰 아들이 '산을 드는 자'와 '숲을 흔드는 자'를 만나 의형제를 맺게 된다. 도중 '알비스'의 잔꾀로 셋의 우애가 흔들리기도 하지만 결국 만기스를 무찌르고 어머니와 다시 만나게 된다. 한국의 '독수리에게 납치되어 간 세 미녀' 이야기와 비슷하다.

투바인의 기원

투바인은 기원전 훈족의 후손에 기원하며 오랜 기간 고대 튀르크 칸, 위구르 칸, 칭기즈 칸의 몽골 등의 침입과 지배로 생겨난 튀르크계와 몽골계의 혼합 종족이다. 이전에는 우량하이(Урянхай), 소요트(Сойот), 소욘(Сойон), 탄누투바(Танну-тувинцы)라 불렸고 고대 우랄계와 알타이계, 튀르크계, 몽골계, 사모예드계, 케트계 등 다양한 민족이 섞여 살았던 투바공화국은 튀르크족의 통치로 점차 튀르크화했다. 투바(Тува) 혹은 티바(Тыва)라는 민족 명칭이 공식적으로 사용되기 시작한 것은 20세기 초 무렵이다. 2018년 인구조사 기준에 따르면 투바인의 수는 321,722명에 달하며 대부분은 동시베리아 남부의 러시아 투바공화국(수도 키질)에 거주하고 있고, 일부는 몽골과 중국에도 살고 있다.

투바인은 기원전 1세기부터 흉노족, 선비족, 돌궐족 등의 지배를 받아 왔는데, 이후 돌궐을 무너뜨린 튀르크계 위구르족(744~840년)은 투바에 요새를 석벽과 토담으로 연결하는 특별 방어 시스템을 구축했다. 고대 키르기스인의 공격을 막아 낸 요새 '포르바진(Пор-Бажын)'과 악으로부터 투바인을 보호하는 수호신 역할을 하는 석인상인 '키지코제(Кижи-кожээ)'가 이 시기의 대표적 유물이다.

1207년 칭기즈 칸의 장남 주치가 등장하면서 투바는 몽골 제국의 지배를 받았고 14세기 몽골 붕괴 이후에는 1759년까지 북원, 중가르 한국에 편입되었다. 그 후 청나라의 지배를 받던 투바는 1912년 청이 멸망하면서 독립, 몽골과 러시아로의 편입을 놓고 논쟁이 벌어졌다. 20세기 초 러시아의 보호 아래 있다가 1944년 러시아공화국 내 자치주로 편입되었고 1961년 투바자치공화국, 1992년 러시아 연방 투바공화국으로 승격되어 현재에 이르고 있다.

투바인의 전통과 의식주

투바인의 음력 새해 명절인 '샤가아(шагаа)'에는 샤먼이 장작을 쌓고 불을 피우고 '흰' 우유를 불길에 부으며 불과 신령들에게 평안과 안녕을 기원하는 주문을 외운다. 또한 최고의 축제인 '나아딤(наадым)'은 몽골의 나담 축제와 유사하며 신령과 선조의 영혼을 기리고 부족과 목동의 단합을 위한 축제로 여름에 행해진다. 나아딤에서는 전통 유르트 선발 대회, 전통 의상, 말장구류 경연, 돌 들어 올리기 같은 다양한 행사가 있고 축제의 하이라이트는 우리의 씨름과 비슷한 후레시(хуреш), 말타기와 활쏘기 등 세 가지 경기다.

투바인의 전통 의상인 '톤(тон)'은 외투와 상의를 총칭하고 '쿠르(кур)'는 톤을 입을 때 반드시 허리에 두르는 가죽 띠를 말한다. 영하 30도에 가까운 겨울 날씨에 적합한 투바인의 옷은 양가죽으로 만든 모피 외투이고, 쿠르에는 3~4미터 길이로 칼집, 칼, 부싯돌, 담뱃대, 쌈지 등을 꽂을 수 있는 파란색 남성용 쿠르와 열쇠나 바늘꽂이, 장신구를 꽂을 수 있는 빨간색 여성용 쿠르가 있다.

투바인의 음식은 다른 유목민족과 비슷하며 가축과 사냥한 동물의 고기를 삶아 먹는다. 장기간 보관을 위해 건조하거나 삶아 소금에 절이거나 냉동 보관하는 방법을 사용하며 양고기와 말고기를 선호한다. '한(хан, 피)'은 우리의 순대와 유사한 음식으로 우유를 섞어 만든다. 신선한 피로 만들어야 하기에 양을 잡을 때 만들어 먹곤 한다. 이 밖에도 '부우자(бууза, 만두)'와 '히미스(хымыс, 가축의 젖)' 등이 있다.

투바인의 전통 가옥은 '외그(өг)'라는 유르트다. 그 크기와 색상 등으로 주인의 부의 척도를 가늠했다. 크고 흰 펠트 천은 부자, 작고 어두운 펠트 천은 가난한 사람의 유르트다. 투바인은 화로의 불을 소중히 다루어 타인에게 빌리는 것도, 빌려주는 것도 금기시했다. 만약 이를 어기면 행복을 빼앗기거나 악령이 찾아온다고 여겼다.

투바인의 전통 창법인 '호오메이(хоомей)'는 목구멍 또는 후두 창법으로, 처음 사람이 저음으로 시작해 다음 사람들이 화음을 이루어 선율의 조화를 이루어 가는 것이다. 호오메이는 많은 투바인이 부를 수 있고 모든 축제와 공연에서 등장하는 대표적인 투바의 문화유산이다.

투바인의 종교와 전통 신앙

투바의 공식 종교는 17세기에 들어온 라마교이지만, 애니미즘, 토테미즘, 샤머니즘, 러시아 정교 등도 믿고 있다.

처음 라마교가 보급될 당시 '황색신앙'이라며 천대했지만 1992년 달라이 라마 14세가 투바를 방문한 이후 투바인의 토착 종교로 자리매김했다.

전통 신앙인 샤머니즘은 소비에트 시기 정치적 탄압을 받았고 1950년 이후 유목생활에서 정착 생활로 전환되면서 샤먼의 수가 현격히 줄어들었다.

샤머니즘과 더불어 '오보오(OBOO, 돌무더기)' 숭배, 태양 숭배와 같은 다양한 민간 신앙도 존재하는데 투바인은 어떠한 종교적 갈등과 대립을 표출하지 않는다는 점이 매우 흥미롭다. 실제로 '라마승과 샤먼'의 결혼은 종교와 삶에 대한 투바인들의 열린 의식을 보여 주는 전형적인 예라고 할 수 있다.

투바인의 설화 28편을 통해서 우리에게 생경한 동시베리아 민족인 투바인의 세계관과 전통 문화가 널리 알려지기를 기대해 본다.

옮긴이에 대해

홍정현은 한국외국어대학교 노어과를 졸업하고 모스크바대학교에서 언어학 박사 학위를 받았다. 현재 대학교에서 관련 분야 강의와 연구를 하고 있다.

투바인 이야기

지은이 미상
옮긴이 홍정현
펴낸이 박영률

초판 1쇄 펴낸날 2019년 8월 25일

지식을만드는지식
02880 서울시 성북구 성북로 5-11 (성북동1가 35-38)
전화 (02) 7474 001, 팩스 (02) 736 5047
출판등록 2007년 8월 17일 제313-2007-000166호
전자우편 zmanz@commbooks.com
홈페이지 www.commbooks.com

ZMANZ
5-11, Seongbuk-ro, Seongbuk-gu, Seoul, 02880, KOREA
phone 82 2 7474 001, fax 82 2 736 5047
e-mail zmanz@commbooks.com
homepage www.commbooks.com

ISBN 979-11-288-3130-0
979-11-288-3131-7(큰글씨책)
979-11-288-3132-4(PDF 전자책)
책값은 뒤표지에 있습니다.